MON REGARD

SUR LE BURKINA FASO, L'AFRIQUE ET LE RESTE DU MONDE

KARANTAO KADER PATRICK

Journaliste politique - Editorialiste

MON REGARD

SUR LE BURKINA FASO, L'AFRIQUE ET LE RESTE DU MONDE

Un Recueil de commentaires sur l'actualité publiés entre novembre 2021 et juin 2023

Burkina Faso 2023

Karantao Kader Patrick

MON REGARD SUR LE BURKINA FASO, L'AFRIQUE ET LE RESTE DU MONDE
Un Recueil de commentaires sur l'actualité publiés entre novembre 2021 et juin 2023

Dépôt légal n° 23-648 du 29 novembre 2023/Bibliothèque nationale du Burkina Faso
ISBN   978-2-9591767-0-8
Contact téléphonique : +226 70 05 87 11 / +226 75 12 93 56

Couverture et maquette : Imprim Color/Bamako
Impression : Imprim Color/Bamako

E-mail : imprimcolor.bko@gmail.com

SOMMAIRE

PREFACE

Depuis plusieurs années, Karantao Kader Patrick observe avec un œil qui semble candide, mais cependant sans concessions, les actualités dans son pays, en Afrique et dans le reste du monde. Les 40 commentaires sur l'actualité **dont il est l'auteur** et qui composent ce recueil ont été pour la plupart publiés, sous les rubriques *Trait de plume*, *Mercure* et *L'Autre regard* dans le quotidien d'Etat burkinabè, *Sidwaya*, entre novembre 2021 et juin 2023. **Ces commentaires donnent une parfaite photographie de l'intérêt, que Karantao Kader Patrick accorde à l'évolution de son pays et du reste du monde.** Dans cet ouvrage, le journaliste politique et éditorialiste aborde d'abord, dans la première partie intitulée *Le Burkina Faso à la loupe*, quelques actualités dans son pays, avant de jeter un regard critique sur d'autres Etats, dans la seconde partie *L'Afrique et le reste du monde*.

A travers ce recueil en forme d'un assemblage de clichés synthétiques et percutants, Karantao Kader Patrick passe au crible les crises interafricaines et les enjeux entre le continent et le reste du monde. Il dépeint de prime abord, la situation dans laquelle se trouve son pays, le Burkina Faso, jadis havre de paix, qui porte désormais les stigmates d'une nouvelle donne, le terrorisme. On a envie de croire à la résilience du Burkina Faso, d'en faire un rempart contre la barbarie, lorsque l'on suit la pensée de l'auteur au fil de l'ouvrage. Le « *pays des Hommes intègres* » est pourtant au cœur d'une actualité qui voit s'accumuler les morts (plus de deux mille depuis 2016) avec les flots de réfugiés et de déplacés internes à gérer (autour de 2 millions aujourd'hui). Dans un contexte sociopolitique difficile, le Burkina Faso aspire toujours à plus de justice et de démocratie et pourtant, tout y passe : terrorisme non endigué, incivisme, volonté profonde de changement, espoirs de développer plus de partenariats au profit de la sécurité des populations…

Les défis à relever sont nombreux : la suite à donner au drame d'Inata qui a coûté la vie à 53 gendarmes en juin 2021 dans la région du Sahel, les limites et grandeur de l'action des citoyens pour défendre la patrie, les relations entre le Burkina Faso et la Communauté économique des Etats de l'Afrique de l'Ouest (CEDEAO), très attachée au respect des principes démocratiques, la mise en place des organes de la nouvelle Transition, par les assises nationales des 14 et 15 octobre 2022 et toujours

l'espoir de plus d'intégrité et d'une nouvelle gouvernance. Car selon l'auteur, en dépit des crises, le Burkina Faso doit garder son âme. « *Je plie, et ne romps pas* », telle serait la morale de l'histoire du Burkina Faso ? Karantao Kader Patrick n'hésite pas à poser les questions qui dérangent. En plus des actions conjointes des forces de défense et de sécurité (FDS) et des volontaires pour la défense de la patrie (VDP), faut-il armer le peuple en vue d'une mobilisation générale contre le
terrorisme ?

Outre la question de la lutte contre le terrorisme, l'auteur évoque d'autres sujets, telle la Journée internationale de la Femme, qui selon lui, n'est pas une fête, mais plutôt l'expression d'une lutte menée par des femmes, parfois perçues comme des êtres inférieurs, ce qu'il dénonce courageusement. Pendant que le Burkina Faso vit une crise sécuritaire sans précédent, au même titre que d'autres Etats ouest-africains, d'autres questions, liées à la gestion et au jeu du maintien au pouvoir, à la liquidation de dossiers judiciaires sensibles, à l'intégration africaine, à la relation entre la France et ses ex-colonies, à la géopolitique mondiale et à d'autres aspects retiennent l'attention de Karantao Kader Patrick, dans la seconde partie de son recueil. L'action de l'exprésident centrafricain François Bozizé au Tchad qui court face à une justice qui semble s'essouffler, le massacre du 28 septembre 2009 en Guinée, sur fond d'ethnocentrisme, une affaire qui fait actuellement l'objet d'un procès et la prise du pouvoir par le nouveau président, le colonel Mamady Doumbouya, suite au coup d'Etat contre Alpha Condé, n'échappent pas à la plume de l'auteur. On sent bien que le journaliste politique et éditorialiste suit avec beaucoup d'intérêt les remous politiques au Sénégal et liés aux ennuis judiciaires de l'opposant Ousmane Sonko et aux supputations sur la volonté de briguer un 3e mandat du président Macky Sall. Il souligne, à propos et avec juste raison, que ce pays d'Afrique de l'Ouest a pour l'instant été épargné par les coups d'Etat et devra œuvrer à préserver sa bonne réputation…

Par ailleurs, Karantao Kader Patrick appelle avec force aux solidarités sousrégionales y compris militaires, contre les terroristes et incite à plus d'actions conjointes dans l'espace CEDEAO et le G5 sahel. Son attachement aux valeurs issues de la décolonisation et de la révolution sankariste n'est plus à démontrer ! Il souligne le dynamisme du Bénin dans la lutte contre la gangrène terroriste, tout comme celui de la Côte d'Ivoire, montrant que les coopérations interafricaines sont nécessaires pour préserver l'intégrité des territoires de l'obscurantisme. Car il s'agit bien d'un choix de société qui s'offre aux Africains : unis dans la diversité ou convertis à une vision dualiste du monde qui avait été vaincue par nos ainés après les deux derniers conflits mondiaux… Il soulève par ailleurs des questions, comme celle qui concerne la gestion des transitions en Guinée, au Tchad, avec autant de tentatives d'arbitrages dont les échecs menacent l'équilibre de la sous-région… Désarmer les tensions entre le Mali, la Côte d'Ivoire et la France… choisir son camp, fournir des preuves ou démentir les accusations nourrissant les rumeurs de la realpolitik, Karantao Kader Patrick estime qu'il faut toujours œuvrer à trouver des solutions purement africaines et à asseoir des partenariats repensés avec des grandes puissances, comme la France, dont l'image est de plus en plus décriée sur le continent. Il pose alors la question suivante : « *Le président français réussira-t-il à soigner l'image de la France dans un contexte où la jeunesse africaine souhaite des relations totalement décomplexées avec les puissances occidentales ?* » Tout ce contexte, qui recèle désormais stabilité ou basculement de l'équilibre continental, est remarquablement décrit et devrait inspirer ceux qui s'intéressent à l'Afrique et à son rôle dans le monde. Karantao Kader Patrick pèse ses mots, sans rejeter le fond commun de valeurs qui unissent la France à l'Afrique. Il indique que la tentation de se tourner vers la Russie reflète la volonté d'une jeunesse rêvant d'une Afrique plus accomplie, avec « *la capacité de choisir librement ses partenaires* ».

L'année 2023 a commencé avec des actualités qui n'ont pas échappé à l'auteur. Il dénonce les frasques des Obiang en Guinée équatoriale, l'assassinat du journaliste camerounais Martinez Zogo, le discours xénophobe du président de la Tunisie, Kaïs Saïed, contre les subsahariens… Karantao Kader Patrick analyse avec lucidité l'action des Nations unies, de la Ligue arabe et de l'Union africaine (UA), au Soudan et évoque les « *vieux démons* » qui secouent ce pays. Il salue par ailleurs l'attitude de l'ex-Première dame, Simone Gbagbo, en Côte d'Ivoire, qui se positionne en chantre de la paix ainsi que toute initiative sincère menée pour la paix. Le recueil pose clairement la question d'un monde en pleine recherche d'un nouvel équilibre post-Yalta avec comme paramètres, la force désormais incontournable de la Turquie, le conflit latent sino-américain dans lequel l'Afrique et son pays, le Burkina Faso, sont des enjeux et l'émission d'un mandat d'arrêt international contre le président russe, Vladimir Poutine, par la Cour pénale internationale pour « *crimes de guerre* ». A travers les productions contenues dans ce recueil, l'auteur œuvre pour un monde toujours plus juste et plus éclairé. Ses appels à plus de solidarité entre les peuples résonnent jusqu'à nous autres Européens et appellent à une prise de conscience mondiale. Il est clair que Kader Patrick Karantao est un veilleur. Ses analyses sont incontournables, pour qui s'intéresse à la promotion de la démocratie et de la bonne gouvernance en Afrique, dans un contexte de solidarités internationales indispensables, si l'on souhaite préserver certains équilibres et tendre toujours vers plus de justice et de paix. Je vois une forte portée symbolique dans la publication de ces analyses menées avec une logique discursive purement africaine : « *de l'observation autour de soi à la projection au tout* ». En effet, en s'extrayant du carcan et des normes de pensée générale, l'auteur fait montre d'une d'analyse très fine des enjeux actuels. Quand on prend connaissance de certaines informations sur l'Afrique, on s'aperçoit que certains commentateurs, à dessein, par méconnaissance ou par simple déformation intellectuelle due à une « *orthodoxie de pensée* », prennent les effets pour les causes… Cet ouvrage est d'une portée symbolique pour moi, qui n'oublie pas ce que les éditions Donniya ont apporté à la mémoire de la résistance corse en publiant les carnets de Jean Nicoli. C'est donc une véritable fierté, que de préfacer cet auteur dans une maison d'édition engagée pour la paix, le dialogue et une certaine vision du monde avec laquelle je m'accommode.

Jacques-Louis Colombani
Docteur en Droit

Avocat, Auteur de «Cyberespace et terrorisme »,

Editions PUL

Première partie :
Le Burkina Faso à la loupe

Le fantôme de « *Thom Sank* »
Publié dans Sidwaya, le 17 novembre 2021

Depuis le 11 octobre 2021, le procès Thomas Sankara se déroule, sous haute sécurité, devant le Tribunal militaire de Ouagadougou. Aucun incident de nature à troubler la procédure n'a été notée. Tout semble marcher comme sur des roulettes, à la satisfaction de ceux qui réclament justice pour le père de la Révolution d'août 1983. On ne pouvait espérer mieux, pour une affaire qui a trainé pendant 34 ans, avant d'être mis en jugement, à cause des pressions politiques supposées ou avérées, sous le régime de Blaise Compaoré. Audience après audience, les accusés, en fonction des récits servis, livrent des bribes d'informations sur les événements tragiques du 15 octobre 1987. Ce jour-là, aux alentours de 16 heures, le président du Conseil national de la révolution (CNR), a été abattu par un commando, dans les locaux du Conseil de l'Entente à Ouagadougou. Alors qu'il était en réunion avec des proches collaborateurs, dont la plupart ont également péri dans la fusillade. La suite des évènements ayant profité à Blaise Compaoré, qui s'est emparé du pouvoir pour instaurer le Front populaire, celui-ci est apparu depuis lors, comme le principal commanditaire de l'assassinat de son frère d'armes et « *ami intime* », Thomas Sankara. Blaise Compaoré n'avait-il pas lui-même expliqué les faits, dans son premier discours en date du 19 octobre 1987 ? « *Depuis plus d'une année, un conflit latent, puis ouvert a opposé deux conceptions antagoniques dans la révolution d'août [...] La politique du fait accompli du Président du CNR, si elle était compréhensible au début du processus, devenait aventuriste et dangereuse au fil des ans, voire inadmissible du point de vue des grandes orientations politiques, économiques, sociales et culturelles définies [...]* », avait-il soutenu, entre autres. Son inculpation dans le dossier, avec 13 autres personnes, dont ses ex-chefs d'état-major particulier, le général de brigade, Gilbert Diendéré et de sécurité, Hyacinthe Kafando, en dit long sur les évènements du 15 octobre 1987. L'ancien président du Faso, réfugié depuis sa chute en 2014 en Côte d'Ivoire, est poursuivi pour attentat à la sûreté de l'Etat, complicité d'assassinat et recel de cadavres. Des faits, que Blaise Compaoré ne reconnait manifestement pas. L'ex-chef de l'Etat a dénoncé, par l'entremise de ses avocats, un procès « *politique* », auquel il ne prend pas part. Son homme lige, Hyacinthe Kafando, considéré comme le chef du commando qui a « *neutralisé* » Sankara et en fuite hors du pays depuis 2015, ne comparait pas non plus. Il n'est plus possible d'avoir leurs versions des

faits dans cette affaire, ce qui est regrettable. A moins qu'un miracle ne s'opère ! Compaoré et Kafando vont être condamnés par contumace, si les faits à eux reprochés sont établis. La seule « *pièce maitresse* » du dossier présente est Gilbert Diendéré, dont le récent passage à la barre, a laissé plus d'un sur sa soif. Poursuivi pour complicité d'assassinat et d'attentat à la sûreté de l'Etat et subornation de témoins, « *Golf* » n'a pas fait de révélations, comme on l'espérait. Il a plaidé « *non coupable* ». Hormis ses brèves altercations avec le parquet militaire et certains avocats des parties civiles qui ont alimenté les réseaux sociaux, le gal Diendéré n'a pas porté le chapeau qu'on lui prête. A la barre, ce haut gradé, pour le moins énigmatique, a déclaré avoir simplement constaté les faits, le 15 octobre 1987, au sein du Conseil de l'Entente. Ce discours allait faire moins jaser, si Diendéré, tout puissant commandant adjoint du Centre national d'entrainement commando (CNEC) de Pô à l'époque, n'était pas le responsable en charge de la sécurité des lieux. Spéculation ou pas, il dit n'être pas dans le secret de l'opération, qui a coûté la vie à « *Thom Sank* » et à ses douze compagnons. Un point, un trait. Mais les « *incohérences* » constatées dans les déclarations du gal Diendéré n'ont pas convaincu le parquet militaire ni les avocats des parties civiles, qui comptent apparemment sur le passage des témoins pour le confondre davantage. Après tout, sa ligne de défense et celle des autres accusés, qui ont plaidé dans l'ensemble non coupable, est simple : nous n'y sommes pour rien dans ce qui est arrivé à Sankara ! Il ne fallait pas donc pas s'attendre à ce que les accusés, pour la plupart, confirment toutes les déclarations faites devant le juge d'instruction. Même si certains d'entre eux connaissent des problèmes de santé, ils ne semblent pas avoir trop de difficulté à remonter le cours du temps, à les suivre à la barre. Il ne faut cependant pas perdre de vue, qu'il s'agit de graves événements qui ont marqué l'histoire du pays. En de pareilles circonstances, aucun accusé ne va passer facilement aux aveux, même si les faits et les témoignages le condamnent. On pourrait être édifié à ce propos au fil des audiences… La loi étant la loi, les 14 accusés dans l'affaire Thomas Sankara sont présumés innocents, jusqu'à ce que le tribunal militaire de Ouagadougou établisse leur culpabilité ou les disculpe pour de bon. Il faut donc espérer qu'au terme des débats, la responsabilité des uns et des autres soient clairement situées dans cette affaire de plus de trois décennies. Le pays en a besoin pour panser une partie de ses plaies. Le procès va-t-il mettre en lumière toutes les zones d'ombre qui entourent l'assassinat de Thomas Sankara ? C'est la vraie question…

Drame d'Inata : la vérité, une nécessité !
Publié dans Sidwaya, le 7 décembre 2021

Le président du Faso, Roch Marc Christian Kaboré, n'avait certainement pas imaginé ce scénario déplorable. Alors qu'il s'attendait à ce qu'il situe clairement les responsabilités dans l'attaque terroriste d'Inata (région du Sahel), qui a coûté la vie à 53 gendarmes, le rapport de l'Inspection générale des armées y afférent s'est révélé superficiel. Il l'a immédiatement rejeté et exigé, sous 10 jours et à compter du 3 décembre 2021, un nouveau document conformément à ses attentes, d'après nos informations. Le contenu du rapport remis au chef de l'Etat, le 30 novembre dernier, était pourtant très attendu, les gendarmes tués ayant connu un problème de relève et des soucis alimentaires. Aucune responsabilité n'a été formellement située dans l'enquête, selon nos sources. De nombreuses zones d'ombre subsisteraient ! C'est un fâcheux contretemps pour le chef de l'Etat, qui attendait d'en savoir plus, pour demander des comptes aux éventuels fautifs. Des sanctions administratives et des poursuites judiciaires sont envisagées par le locataire du palais de Kosyam. Acculé depuis des semaines par la rue et l'opposition, à propos de la dégradation de la situation sécuritaire, le président du Faso multiplie les initiatives, pour prouver sa bonne foi et renouveler son engagement dans le combat contre le terrorisme. Certains protestataires, le jugeant « *incapable* » de lutter contre l'insécurité, appellent d'ailleurs à sa démission. Roch Kaboré n'a-t-il pas nommé de nouvelles têtes dans les différentes unités de la gendarmerie et dans la hiérarchie militaire, la semaine dernière ? Dans son discours nocturne du 25 novembre dernier, il a promis des changements dans l'armée et dans la gouvernance, et il y travaille. L'enquête sur le drame d'Inata, qui n'a pas apporté la lumière souhaitée pour le moment, s'inscrit dans cette dynamique. La montagne a donc accouché d'une souris, mais Roch Kaboré, plus que jamais déterminé à nettoyer les écuries d'Augias, a décidé ne pas s'en contenter. Il faut espérer alors, que le second rapport puisse être fiable, pour permettre au chef de l'Etat de tirer toutes les conséquences de l'attaque d'Inata. En attendant de disposer de ce document, des questions méritent d'être posées. Que s'est-il passé dans la conduite des investigations sur l'attaque d'Inata pour qu'un tel rapport non satisfaisant soit produit ? L'Inspection générale des armées n'a-t-elle pas eu suffisamment le temps ? Des acteurs se sont-ils rétractés dans la chaine de commandement militaire ? Le suicide du chef secrétaire au Poste de Commandement de la Compagnie de gendarmerie du Kadiogo, Aboubacar Traoré, le mercredi 17 novembre dernier, dans la foulée du drame d'Inata, y est-il pour quelque chose ? La « *grande muette* » a-t-elle décidé de rester fidèle à sa politique d'omerta légendaire? Bien malin, qui saura apporter des réponses à ces interrogations. D'ores et déjà, il faut regretter le fait qu'un rapport léger ait été produit sur un drame aussi terrible que celui d'Inata, qui a révélé de gros dysfonctionnements dans l'armée. C'est de notoriété publique maintenant. Loin de nous l'idée de remettre en cause les compétences des enquêteurs, admettons qu'il y a maldonne. Il n'est jamais tard pour bien faire, dit-on cependant. L'Inspection générale des armées peut encore se rattraper, ou du moins se donner les moyens de produire un autre rapport plus objectif et plus qualitatif. Il n'est pas facile de mener une enquête *in vitro*, à plus forte raison dans les rangs de l'armée où les uns ne livrent pas aussi facilement les autres. Il faut pourtant crever l'abcès ! Le drame d'Inata n'est pas une fiction, c'est une triste réalité. Des responsables dans la chaine de commandement n'ont pas fait diligence pour que les gendarmes, massacrés à Inata, soient relevés à temps. C'est un fait. Des responsables dans la chaine de commandement n'ont pas fait le nécessaire, pour que les gendarmes, massacrés à Inata, aient de la nourriture après avoir crié famine. C'est un fait. A bien des égards, des acteurs sont coupables de ces deux situations et ils doivent répondre de leur négligence, indifférence ou manque de promptitude, si cela s'avère. Les premières sanctions prononcées après le drame d'Inata, notamment la révocation du commandant de la première région de gendarmerie et celui du groupement des forces du secteur Nord, donnent déjà des pistes, même si des raisons n'ont pas été officiellement évoquées. Des acteurs dans la chaine de commandement ont failli à leur devoir et il va falloir qu'ils assument leurs responsabilités. Il n'y a pas d'autres alternatives, si on veut la vérité. Le drame d'Inata ne doit pas rester impuni, pour le bien de l'armée burkinabè. Absolument pas !

Honneur aux VDP !
Publié le 21 décembre 2021

Dans la guerre que le Burkina Faso mène contre le terrorisme, les Volontaires pour la défense de la patrie (VDP) jouent un rôle très important, sous le couvert de la loi. Ils fournissent de précieux renseignements aux forcées armées nationales et arrivent à résister avec brio à des attaques ou à des incursions djihadistes dans leurs localités. Les VDP marchent, tant bien que mal, sur les pas des *Civilian joint task force* (groupes civils de défense) du Nigéria, qui ont contribué à engranger de nombreux succès face au groupe terroriste *Boko Haram*. Le péril est grand, mais la détermination des VDP est sans faille dans la protection du pays. Ils ont donné, à notre devise nationale « *la patrie ou la mort, nous vaincrons* », tout son sens. Entrés en action dans les zones sous menace début 2020, à l'initiative du président du Faso, Roch Marc Christian Kaboré, ces supplétifs de l'armée sont désormais, en première ligne, dans le combat contre les forces du mal. Le chef de l'Etat, qui mise fortement sur la mobilisation générale des populations pour vaincre le terrorisme, n'a-t-il pas salué leur engagement remarquable dans son adresse à la nation du 25 novembre 2021? C'est un hommage mérité, vu les efforts consentis par les VDP contre les agissements hors du commun des individus sans foi ni loi, décidés à semer le chaos sur la terre de nos ancêtres. Même si certains citoyens les accusent de commettre des exactions ou de faire de la stigmatisation, leur apport à la lutte contre l'insécurité au Burkina est largement salué au sommet de l'Etat et dans les rues. Brièvement formés au maniement des armes et au Code de conduite militaire (certains d'entre eux n'ont pas eu cette chance vu l'urgence d'agir) et sous équipés, les VDP comptent tout de même des hauts faits de guerre. Ces jours-ci, ils se sont illustrés positivement à Titao dans la région du Nord, en résistant à la pression des terroristes, qui voulaient prendre la localité, jusqu'à l'intervention de l'armée. Sans grands moyens face à l'ennemi, les VDP de Titao ont fait montre d'un courage digne de nos devanciers. Quatorze volontaires en provenance de Ouahigouya, qui leur venaient en aide, ont été sauvagement assassinés dans une embuscade, tendue par des hommes armés, le jeudi 9 décembre dernier. Ce qui atteste, une fois de plus, de la dangerosité de leur mission. Les VDP ont souvent réussi, en coordination avec les forces de défense et de sécurité ou seuls, à mettre en déroute des terroristes ou à les envoyer sous terre. Les exemples sont légion. Malgré les pertes en vies humaines (plus de 200 d'entre eux seraient morts), leur armement dérisoire et la maigreur de leurs primes (200 000 F CFA par groupe de 10 personnes par mois), les VDP tiennent debout pour la patrie. Ils sont prêts à tout. Malheureusement, leurs appels au soutien en termes d'assistance par l'armée, d'équipements, de motivation et de nourriture n'ont pas toujours été entendus. Certains d'entre eux, gagnés par le découragement à cause des conditions de travail insatisfaisantes, ont levé le camp, mais ils sont plus que jamais nombreux à se sacrifier pour le pays. C'est le lieu donc pour les autorités de revoir sérieusement le traitement de ces volontaires, qui font preuve d'un grand patriotisme. Le président du Faso a promis, en juin dernier, de revoir la doctrine de l'emploi des VDP et on espère que des changements vont être opérés pour faciliter davantage la tâche à ces dignes fils du Faso. Les VDP, dont l'importance n'est plus à démontrer, méritent de meilleures conditions de travail, pour mieux défendre la nation. C'est une urgence dans l'urgence sécuritaire…

Le plus dur commence...
Publié dans Sidwaya, le 27 janvier 2022

Le coup d'Etat du Mouvement patriotique pour la sauvegarde et la restauration (MPSR) a été salué, à l'unanimité, par les Burkinabè, de l'intérieur comme de l'extérieur, dans un contexte sécuritaire très préoccupant. Même s'il faut déplorer la prise du pouvoir par les armes en démocratie, force est de constater que le putsch du lieutenant-colonel Paul Henri Sandaogo Damiba n'a pas rencontré de ressentiments dans les rues de Ouagadougou ou à l'intérieur du pays. Bien au contraire, des scènes de liesse populaire ont accompagné l'action du MPSR. Exaspérés par les attaques terroristes, qui ont fait 2500 morts, civils comme militaires, depuis six ans, selon certaines sources, les citoyens ont plutôt vu en ce coup   d'Etat,un « *soulagement* » pour le Burkina Faso. Même si les réalités sociopolitiques ne sont pas pareilles, c'est à croire que nous sommes en Guinée ou au Mali, où un scénario similaire a été observé. Le coup d'Etat du 24 janvier 2022 ayant eu l'onction populaire, le plus dur commence pour le lieutenant-colonel Damiba et ses hommes, à savoir la restauration de l'intégrité territoriale du pays. Ils en ont fait un serment. Le Burkina d'avant insurrection n'est plus le même que celui d'aujourd'hui : tout va mal ou presque. Le tableau est sombre et il n'y a qu'à regarder les dégâts causés par les attaques terroristes quasi quotidiennes pour s'en convaincre. Les chiffres officiels, ventilés çà et là, en donnent une parfaite illustration. Hormis les nombreux morts et blessés, le Burkina Faso compte 1 501 775 déplacés internes, répartis dans plusieurs régions (Centre-Nord, Nord, Est…). On dénombre également, plus de 3 000 écoles fermées, au moins 511 000 élèves et 14 000 enseignants touchés. L'heure est donc grave pour le « *pays des Hommes intègres* », occupé à certains endroits par des groupes armés. Plusieurs localités sont à la merci des djihadistes, qui non content d'y parader à souhait, y ont fixé leur drapeau noir. L'administration publique n'existe pratiquement plus dans les localités occupées, les commis de l'Etat ayant préféré se mettre à l'abri de représailles des terroristes. On assiste à une véritable défiance vis-à-vis de la nation, qui à tout point de vue fait preuve de résilience, malgré cette guerre imposée par des sans foi ni loi. L'avènement du MPSR, constitué de toutes les forces de défense et de sécurité (FDS), sonne comme une lueur d'espoir, puisque le régime de Roch Marc Christian Kaboré a manifestement essayé toutes les recettes possibles, sans parvenir à vaincre l'hydre terroriste. Dans ce contexte, la priorité des priorités du lieutenant-colonel Damiba et de ses hommes sera de mettre une nouvelle stratégie en place pour réduire à néant, ceux qui attaquent sans répit le Burkina et l'endeuillent régulièrement. Au moment même où le MPSR est en train d'asseoir son autorité, les exactions des terroristes se poursuivent aux quatre vents du pays. Des populations sont la cible d'attaques et leurs biens sont emportés. Des édifices publics sont aussi pris d'assaut par les terroristes, décidés à faire du « *pays des Hommes intègres* » leur terrain de jeu. Ces jours-ci, et pour ne citer que cet exemple, des informations relayées par les médias font état de ce que la mairie de Logobou dans la région de l'Est, à peine rénovée, a été incendiée à nouveau par des hommes armés. L'heure est grave et le MPSR, à qui le peuple fait confiance, devra s'investir sans délai pour ramener la quiétude dans le pays. Il ne devrait pas trop s'attarder sur des questions politiques non pressantes. Loin de nous, l'idée de renier l'importance de ces questions, mais le MPSR gagnerait à faire du front, son champ d'action, pour casser du terroriste. Tout ce qui concourt à cela devra être mis en priorité, sans état d'âme. Il urge de libérer les localités sous occupation, pour rassurer les populations et amorcer un retour à la paix au pays. Le Burkina a connu tant de peines, qu'il faille maintenant travailler à ramener les sourires sur les visages.

Le Burkina face à la CEDEAO
Publié dans Sidwaya, le 4 février 2022

Les nouvelles en provenance de la Communauté économique des Etats de l'Afrique de l'Ouest (CEDEAO) ne sont pas alarmantes. Réunis, hier jeudi 3 février 2022 à Accra, au sujet de la situation sociopolitique au Burkina Faso, les dirigeants de l'organisation n'ont pas pris d'autres sanctions contre le pays, suspendu des instances, après le coup d'Etat du 24 janvier dernier. L'institution sous-régionale a néanmoins appelé les nouvelles autorités à mettre « *immédiatement* » en place l'Autorité de la Transition, à adopter un calendrier de Transition et à favoriser le retour à l'ordre constitutionnel normal dans un délai « *convenu* » et « *raisonnable* ». La CEDEAO croit savoir que si le Burkina se conforme à ces exigences, il obtiendrait facilement le soutien de l'ensemble des partenaires régionaux et internationaux pour faire face à la situation sécuritaire et humanitaire. Tous ceux qui prévoyaient déjà de lourdes sanctions contre le Burkina, à l'instar du Mali, vont devoir revoir leurs prévisions, car les deux nations n'ont pas totalement les mêmes réalités. Le pays de Moussa Traoré vit une période postcoup d'Etat, depuis août 2020, avec des difficultés pour organiser des élections. Le 27 février 2022 avait été arrêté pour la tenue des élections, mais la junte malienne, dirigée par le colonel Assimi Goita, a indiqué ne pas pouvoir respecter cette échéance. Dans l'impossibilité de respecter ce calendrier, elle a proposé une transition d'une durée de cinq ans, pour refonder la nation malienne. Alors que la CEDEAO, très tatillonne sur les principes démocratiques, espère un retour rapide à l'ordre constitutionnel normal au Mali. La proposition d'une Transition de cinq ans a mis l'organisation sous-régionale dans tous ses états. Aussi a-t-elle pris de graves sanctions économiques contre le Mali, qui semble au bord de l'asphyxie, même si le pays fait bonne impression. Le Burkina, pour sa part, vient de connaitre un putsch, avec l'avènement du Mouvement patriotique pour la sauvegarde et la restauration (MPSR), qui fait ses premiers pas. On peut alors dire sans extrapoler, que la CEDEAO y va mollo avec le « *pays des Hommes intègres* ». Il revient au nouveau chef de l'Etat, le président du MPSR, le lieutenant-colonel Paul Henri Sandaogo Damiba, de réagir à l'appel de la CEDEAO. D'ores et déjà, celui-ci a décliné sa vision pour le Burkina après le coup de force, qui a écarté Roch Marc Christian Kaboré du pouvoir et l'a propulsé à la tête du pays. « *Notre ambition n'est autre que de fédérer l'ensemble des énergies de notre pays, pour jeter les bases d'un Burkina Faso nouveau, débarrassé des oripeaux d'une gestion politique aux antipodes des nouvelles aspirations de notre peuple* », a-t-il affirmé dans sa première adresse solennelle à la nation, le 27 janvier dernier. Pour le président du Faso, son agenda est unique et clair : la sauvegarde du peuple et la refondation de la nation burkinabè. « *Les indicateurs de mesure de la réalisation de cet agenda demeureront le niveau de restauration de l'intégrité du territoire et la qualité des actions entreprises pour la refondation de notre nation* », a par ailleurs prévenu le lieutenant-colonel Damiba. A lire entre les lignes, le président du MPSR veut d'abord parer à l'urgence de reconquérir les localités tombées aux mains des terroristes pour favoriser le retour des déplacés chez eux. C'est le rêve, pour ne pas dire le souhait ardent de nombre de Burkinabè, qui veulent voir leur pays retrouver sa paix d'antan. Dans ce contexte sécuritaire très préoccupant, organiser des élections dans un bref délai n'est certainement pas la priorité des priorités. Il va falloir restaurer l'intégrité du territoire national, pour ramener la quiétude et espérer organiser des élections libres et crédibles. L'agenda du MPSR pourrait ne pas être celui de la CEDEAO, mais l'intérêt supérieur du peuple burkinabè doit prévaloir à tout de point de vue. Le Burkina doit retrouver sa marche normale, et cela passe d'abord par la sécurisation totale du pays et ensuite par l'organisation d'élections, dans un délai consensuel et réaliste, pour revenir à l'ordre constitutionnel normal. Tout autre scénario pourrait être regrettable.

La vigilance à tout prix !
Publié dans Sidwaya, le 9 février 2022

Les groupes armés terroristes usent de tous les moyens pour semer la terreur. En plus de profiter des conflits communautaires pour opérer des recrutements et de recourir à la perfidie face aux armées régulières, ils veulent désormais opposer les Etats. La polémique née du supposé assassinat, le week-end écoulé, de 16 pèlerins nigérians de confession musulmane dans l'Est du Burkina Faso donne des pistes de réflexion sur ce nouveau mode opératoire. Des voix se sont élevées au Nigéria pour tenir pour responsables de cet acte, les forces de défense et de sécurité (FDS) burkinabè. Dans un communiqué, le président du Nigéria, Muhammadu Buhari, s'est prononcé sur cette affaire, indiquant que « *les victimes se rendaient à Kaolak, au Sénégal, lorsque les bus les transportant ont été attaqués au Burkina Faso* ». Il a ajouté que les 16 pèlerins ont été sélectionnés « au hasard sans aucun interrogatoire et abattus de sang-froid ». Aussi le chef de l'Etat nigérian a-t-il invité le gouvernement burkinabè à ouvrir une enquête pour élucider la mort des intéressés. Cette situation a amené la ministre des Affaires étrangères de la Coopération régionale et des Burkinabè de l'extérieur, Olivia Rouamba, à prendre langue avec l'ambassadrice nigériane, Misitura Abdulraheem, pour désapprouver les allégations portées contre l'armée burkinabè. Tout en l'informant de l'ouverture d'une enquête, elle a également signifié à son interlocutrice, que « *pour le moment aucune information concrète ni élément n'a été enregistré sur le terrain qui prouve la véracité des faits* ». Mieux, la cheffe de la diplomatie a donné des explications sur la situation sécuritaire, particulièrement à l'Est, zone où l'incident se serait produit, au cours d'une rencontre élargie aux autres ambassadeurs des pays membres de la CEDEAO en poste au Burkina. Les échanges ont permis de lever certaines incompréhensions, en attendant que les investigations puissent apporter plus d'éclairage. Comme dans la brouille avec le Ghana autour de la prétendue présence du groupe de sécurité privée Wagner au Burkina Faso, les autorités de la Transition ont joué à fond la carte du dialogue pour éviter des tensions inutiles avec le Nigeria. Cette démarche hautement diplomatique est à saluer, dans un contexte sécuritaire sous-régional précaire, où les groupes armés veulent instaurer le chaos. S'ils peinent à imposer leur volonté face à des armées gouvernementales, pas toujours bien équipées mais déterminées, les terroristes tentent par tous les moyens de semer la zizanie. Ils se servent de la manipulation pour atteindre leurs funestes desseins, comme l'affaire des 16 pèlerins nigérians tués pourrait le laisser penser, l'intention ici étant manifestement de mettre deux pays en conflit. Le Nigeria et le Burkina ont su vraisemblablement éviter le piège de l'ennemi commun, prêt à tout pour gagner du terrain. Jusqu'à preuve du contraire, l'armée burkinabè est réputée professionnelle en matière d'opérations, qu'elle ne saurait s'en prendre arbitrairement à des citoyens d'un autre pays. A moins de se retrouver en position de légitime défense, s'il s'agit d'une agression. Il n'y a pas de quoi fouetter un chat. Le Nigeria et le Burkina, partenaires de longue date, qui ont en partage le défi de la lutte contre le terrorisme, entretiennent de très bonnes relations. On se rappelle que l'Etat nigérian avait soutenu l'organisation des élections au Burkina, sous la Transition de 2015, en offrant 20 véhicules à la Commission électorale nationale indépendante (CENI). Cette action, tout comme d'autres, illustre que l'axe Abuja-Ouaga se porte comme un charme. Les deux pays doivent continuer à préserver leur coopération et la développer davantage. Aucun fauteur de trouble ne doit mettre à mal cette collaboration. Comme l'a si bien dit le représentant résident de la CEDEAO au Burkina Faso, Tièna Coulibaly : *« C'est lorsqu'il y a une fente dans le mur, que le margouillat y passe ».*

Ce n'est pas une fête !
Publié dans Sidwaya, le 9 mars 2022

Au Burkina Faso, la 165e Journée internationale des droits de la femme a été célébrée, dans la sobriété, sous le thème *Défis sécuritaire et sanitaire : quelles stratégies pour une meilleure protection des femmes ?* A part quelques activités festives organisées çà et là par des particuliers ou des mouvements associatifs, il n'y a pas eu de célébration officielle en grande pompe. Le traditionnel face-à-face entre le chef de l'Etat et les femmes n'a pas non plus eu lieu. Comme on peut le deviner à travers le thème de cette année, l'heure n'est pas à la fête au « *pays des Hommes intègres* », qui entame une nouvelle transition politique, depuis le coup d'Etat du 24 janvier 2022, dans un contexte sécuritaire très préoccupant. Ce thème appelle, à en croire le ministère de tutelle, à la solidarité de l'ensemble des Burkinabè face aux importantes conséquences de la double crise sanitaire et sécuritaire sur les populations en général et particulièrement sur les femmes. Depuis plus de six ans, le Burkina Faso est confronté à des attaques terroristes à répétition, qui ont fait environ 2 000 morts, selon certaines sources officielles et 1 579 976 déplacés à la date du 31 décembre 2021, d'après le Conseil national de secours d'urgence (Conasur). Comme dans toute crise humanitaire, les femmes, qui représentent 22,34 % des déplacés internes et les enfants (61,66 %), paient un lourd tribut, surtout dans les cinq régions à forts défis sécuritaires : le Nord, le Centre-Nord, le Sahel, l'Est et la Boucle du Mouhoun. Il est inutile de rappeler les souffrances des femmes, victimes de multiples violences, dans ces zones à risque. D'une crise à l'autre, les femmes burkinabè, majoritairement présentes dans le secteur informel, n'ont pas non plus échappé aux conséquences socioéconomiques de la pandémie de la Covid-19, qui a paralysé l'économie mondiale et nationale. Déjà confrontées à la pauvreté et aux discriminations en tout genre, leur situation s'est davantage compliquée avec les crises sécuritaire et sanitaire. Même si ces dernières années, des efforts ont été consentis pour l'épanouissement des femmes, en matière d'accès à l'emploi, à l'éducation, aux financements et à la santé et en terme de représentativité politique, elles sont toujours exposées aux pesanteurs socio- culturelles.

Elles sont perçues à tort comme des êtres inférieurs, par des esprits conservateurs et rétrogrades, qui ont besoin de s'adapter à l'évolution du monde. Des lois favorables à l'autre moitié du ciel ont beau être adoptées au Burkina Faso, elles peinent à émerger sur la scène publique, à part quelques particularités qui donnent de l'espoir. Il y a des femmes battantes dans les différents secteurs d'activités qui forcent l'admiration avec leurs initiatives. A l'évidence, la condition des femmes burkinabè n'est pas enviable, mais ont-elles véritablement conscience des enjeux liés à leur statut ? Loin de nous l'idée de ternir leur image, mais il faut reconnaitre que nombre de femmes burkinabè ignorent le sens de la Journée internationale de la femme, instituée en 1977 par l'Organisation des Nations unies (ONU). Pour celles-ci, c'est un rituel annuel, qui leur permet de se parer de beaux habits cousus à base des pagnes tissés ou imprimés du 8 Mars, et d'aller faire la fête sans complexe dans les bars, maquis et autres espaces de réjouissances. A leurs yeux, c'est un jour pour réaffirmer sa féminité. Il suffit pourtant de boire à la source de l'histoire, pour s'apercevoir que le 8 Mars n'est pas une fête. Cette journée trouve son origine dans les nombreuses luttes menées sur les continents européen et américain, au début du 20e siècle, par des ouvrières, en vue de réclamer de meilleures conditions de travail, le droit de vote et la fin des inégalités entre hommes et femmes. Le 8 Mars s'inscrit donc dans la pure réflexion, et permet d'année en année, de faire le point des avancées en matière de protection et de promotion des droits des femmes dans le monde, et en particulier au Burkina Faso. C'est tout le bien-fondé de cette journée, vidée de sa substance par certaines femmes. Une autocritique s'impose alors…

Sortir de l'ornière
Publié dans Sidwaya, le 5 avril 2022

Le Premier ministre, Dr Albert Ouédraogo, a présenté, hier lundi 4 avril 2022 à l'Assemblée nationale, la feuille de route de la Transition, dans un contexte de dégradation continue de la situation sécuritaire. Les attaques terroristes s'éternisent, avec leur lot de dégâts humains et matériels. Les chiffres officiels affichent environ 2 000 morts, de nombreux blessés et 1 800 000 déplacés internes, depuis le début de la crise sécuritaire en 2015. Dans le seul mois de janvier 2022, le Burkina Faso a enregistré 160 000 nouveaux déplacés, selon des données fournies par quatre ONG, à savoir *le Conseil norvégien pour les réfugiés, Action contre la faim, Médecins du monde France et OXFAM.* C'est la deuxième plus forte hausse de nouveaux déplacés internes, pour un seul mois, depuis le début de la crise sécuritaire en 2015. 3 683 établissements scolaires sont fermés, soit 14,71 % des structures éducatives du pays, d'après un récent bilan du ministère en charge de l'Education nationale. Plus d'une centaine de centres de santé sont fermés. Plusieurs édifices publics ont été saccagés ou incendiés à travers le pays, privant de nombreux administrés de certains services administratifs. Le Burkina Faso vit une crise sécuritaire et humanitaire sans précédent et cherche par tous les voies et moyens à voir le bout du tunnel. Malheureusement, le pays n'est pas encore parvenu à prendre le dessus sur l'ennemi. Le Premier ministre est revenu sur ce sombre tableau, tout en tirant les conséquences de la lutte contre le terrorisme en terre burkinabè. « *La persistance des actes barbares témoigne de la portée limitée de nos actions de lutte contre ce fléau. En particulier, elle résulte d'un certain nombre d'insuffisances, dont le faible maillage sécuritaire du territoire, le problème d'équipements et de moyens logistiques* », a dit le chef du gouvernement. Le Dr Ouédraogo a la pleine mesure de la situation, et c'est de bonne guerre, puisque la mission première du gouvernement de Transition est la lutte contre le terrorisme et la restauration de l'intégrité du territoire. Les Burkinabè, qui ont du mal à reconnaitre leur paisible pays d'antan, attendent impatiemment des actions vigoureuses contre les terroristes. Au point que certains d'entre eux ont commencé à douter, à tort ou à raison, de la capacité des nouveaux tenants du pouvoir à juguler la crise sécuritaire. Mais le Premier ministre a assuré que des actions sont en cours pour changer la donne. Il a évoqué une réorganisation du dispositif de sécurité nationale, dans la perspective de reconquérir les localités tombées aux mains des djihadistes. Toutes choses qui devraient faciliter le retour des déplacés internes, autre équation à résoudre. Dans la même dynamique, le gouvernement de Transition entend renforcer l'efficacité de l'action militaire sur le terrain et travailler à améliorer la collaboration entre les Forces de défense et de sécurité (FDS), les Volontaires pour la défense de la Patrie (VDP) et les populations. Il projette également diversifier les partenariats en matière de coopération militaire. Cette décision doit certainement plaire à nombre de citoyens, qui appellent les nouveaux dirigeants à se tourner vers d'autres pays en plus de la France. Comme précédemment annoncé par le chef de l'Etat, le Premier ministre a réaffirmé la création de comités locaux de dialogue pour la restauration de la paix. Ces entités, a-t-il rappelé, vise à créer les conditions de l'engagement de tous en faveur d'un retour des compatriotes en rupture de dialogue avec la nation. Le Premier ministre a appelé, à ce propos, « *les enfants de ce pays qui ont pris les armes contre la mère patrie, à les déposer et à revenir pour que nous puissions poursuivre ensemble, la construction de notre maison commune*». L'exécutif souhaite clairement ramener les « *enfants égarés* » de la république à la raison. Faut-il y voir, au-delà, une intention de discuter avec les terroristes ? Si on ne peut pas l'affirmer formellement, il faut voir un changement d'approche qui va livrer ses secrets dans les mois à venir. Après tout, une certaine moralité condamne les négociations avec les terroristes, fussent-ils modérés ou radicaux, mais il faut une dose de réalisme. Si des discussions avec les groupes armés qui attaquent, de jour comme de nuit, le Burkina peuvent être concluantes, des concessions valent la peine. La paix, dit-on, n'a pas de prix. Les opérations militaires seules, et les experts du domaine en conviennent, ne peuvent pas permettre de venir à bout du terrorisme. Il ne faut pas se voiler la face. Dans un contexte où le terrorisme s'est infiltré au cœur de la société burkinabè, l'option de négocier ne peut être totalement écartée. Tous les moyens doivent être explorés, pourvu que la quiétude revienne dans le pays.

Le défi du port du casque
Publié dans Sidwaya, le 16 août 2022

Le débat sur le port du casque refait surface au Burkina Faso, pays où les engins à deux roues pullulent comme des mouches. A la faveur de la 6e Semaine de la sécurité routière, tenue du 9 au 13 août 2022, le gouvernement a réaffirmé sa volonté d'imposer le port du casque à tous les utilisateurs de véhicules motorisés à deux roues, conformément à la règlementation en vigueur. Si les autorités de la Transition reviennent à la charge, c'est que l'heure est grave sur nos routes. Chaque année, de nombreux blessés y sont enregistrés, des morts aussi. Les dernières données statistiques indiquent que 85,43 % des patients victimes des accidents de la circulation routière admis dans les centres hospitaliers souffrent de traumatismes crâniens. Aussi 80% des accidentés sont-ils des utilisateurs d'engins à deux roues, non équipés de caques dans la plupart des cas. Au vu de ces chiffres, l'exécutif a tout intérêt à se mettre en branle, mais encore faut-il faire preuve de tact et de détermination pour faire appliquer la règlementation sur le port obligatoire du casque, présente dans notre arsenal juridique depuis plus de

40 ans. Elle avait été instituée par le décret n° 78-107/PRES/TPTU du 30 novembre 1978, qui selon certaines sources, avait été appliqué, avec des amendes pour les contrevenants, avant de tomber dans les oubliettes. Le texte avait été relancé sous le régime de Blaise Compaoré en 2003, pour ensuite être modifié en 2005, avec l'obligation pour les vendeurs d'intégrer le casque dans les équipements de la moto lors de la vente, mais son application pose problème. Un rejet du casque et une certaine défiance de l'autorité sont perceptibles. On se rappelle les violentes manifestations, qui avaient émaillé l'entrée en vigueur du décret sur le port obligatoire du casque le 1er septembre 2006, sous le ministre de la Sécurité d'alors, Djibrill Bassolé. Très engagé sur le sujet en son temps, celui-ci avait voulu manier la carotte et le bâton, en l'occurrence sensibilisation et répression, mais la forte opposition de la rue avait malheureusement plombé ses ambitions. Le gouvernement de transition est dans la même dynamique d'inscrire le port du casque dans les

habitudes, avec une stratégie beaucoup plus fondée sur la pédagogie, qui pourrait susciter plus d'adhésion. Il entend sensibiliser la jeunesse, qui dénombre dans ses rangs de nombreux conducteurs d'engins à deux roues indélicats. Certains jeunes se fichent des règles de la circulation encore moins du port du casque, au point de stigmatiser ceux qui s'en servent. D'aucuns l'assimilent à un « *machin* », sous lequel, on donne l'impression d'étouffer. On peut comprendre la phobie du casque chez certaines personnes, qui éprouvent des difficultés respiratoires, mais cela ne saurait remettre en cause son utilité. A tout point de vue, le casque protège la tête des chocs légers ou violents, même s'il ne constitue pas une assurance tous risques. Des usagers d'engins à deux roues ont eu la vie sauve grâce au casque qu'ils portaient. S'il ne garantit pas à 100 % une chance de survie, le casque n'est pas à négliger. Les conducteurs et les passagers de motos doivent se le tenir pour dit. Ce message vaut également pour les acteurs impliqués dans la chaine d'importation et de commercialisation des engins à deux roues, que l'équipe du Premier ministre, Albert Ouédraogo, compte également sensibiliser. Des commerçants véreux se permettent de vendre des motos sans donner des casques aux clients, comme l'exige la règlementation. Les acheteurs sont obligés de débourser 15 000 ou 20 000 F CFA, voire plus, pour se procurer un casque, ce qui décourage certains d'entre eux. Cette situation, déplorable, a amené l'Office national de sécurité routière (ONASER) à remettre symboliquement le décret y relatif au syndicat des vendeurs et importateurs de cycles et cyclomoteurs au niveau du Burkina Faso. Un geste, qui n'avait pas lieu d'être, si les acteurs concernés s'étaient conformés purement et simplement à la loi. Le gouvernement de transition, qui se lance dans une action noble, aura fort à faire pour changer les mentalités des conducteurs et des acteurs. On espère qu'il n'aura pas à recourir à la répression pour y parvenir, comme envisagé. La politique de sensibilisation doit également intégrer un mécanisme de contrôle de qualité des casques avant leur mise en circulation, comme l'avait suggéré l'expert en sécurité routière, Ahmad Nassouri Cissé, lors d'une communication portant sur l'expérience du port du casque au Burkina Faso, en septembre 2007. La communication sociale n'est pas une action aisée, mais l'espoir de lendemains meilleurs est permis.

Ces actes de violence à bannir
Publié dans Sidwaya, le 1er septembre 2022

La banalisation de la violence, à laquelle on assiste au Burkina Faso, ces dernières années, inquiète à juste titre. Certes, le contexte d'insécurité généralisée y est pour beaucoup, mais il faut aussi regretter l'intolérance et la cruauté dont font de plus en plus montre certains compatriotes. Le drame qui s'est produit, le samedi 27 août 2022, aux alentours de 20 heures, sur le parking du restaurant *La Perle de Larlé* à Ouagadougou, en donne l'illustration. Il a été constaté en ce lieu plus ou moins fréquenté, une altercation entre un client et un employé de la société indépendante chargée de la gestion du parking qui s'est soldée par le décès du premier. Les circonstances de ce drame restent à élucider par la Police qui a pris en charge le suspect, mais les premières informations font état de ce que le client aurait refusé de payer 200 F CFA comme frais de parking au lieu de 100 F CFA, comme l'exigeait l'employé du parking. Ayant échoué à obtenir gain de cause, l'agent, très remonté, aurait poignardé à mort le pauvre client. Cette triste histoire, qui a contraint les responsables du restaurant *La Perle de Larlé* à fermer « *jusqu'à nouvel ordre* », a ému nombre de Burkinabè qui se demandent encore comment une vie peut être fauchée de la sorte. Rien ne peut justifier cet acte ignoble, qui n'est malheureusement pas isolé sous nos cieux. D'autres affaires du genre ont déjà été enregistrées au Burkina Faso, qu'on n'est pas près d'oublier. On a en mémoire le cas du militaire, abattu par un gérant de boutique de transfert d'argent, le 28 août 2017 aux environs de 20 heures, à proximité de la zone d'activités diverses (ZAD) de Ouagadougou. Le soldat était allé dans ladite boutique pour une transaction de 1000 F CFA. Le propriétaire des lieux s'était trompé et avait envoyé 2 000 F CFA en lieu et place de la somme voulue par le militaire. Aussi avait-il réclamé au client de restituer le surplus de 1000 F CFA, chose que celui-ci n'aurait pas accepté, car n'étant pas responsable de l'erreur commise. Le militaire avait par la suite enfourché sa mobylette pour partir, quand le gérant de la boutique, armé, lui avait tiré deux balles dans le dos. Les Ouagalais avaient également retenu leur souffle face à ce drame inexplicable. Ces deux situations témoignent des horreurs dont le Burkinabè d'aujourd'hui est capable. Pour une simple dispute, certains d'entre nous sont prompts à ôter une vie et partant à gâcher d'autres pour satisfaire leur orgueil. Ce n'est ni plus ni moins que de la violence gratuite. La sacralité de la vie humaine est de moins en moins respectée, l'animosité habitant certains esprits. On ne saurait pourtant construire une société pacifique et prospère dans la haine, les règlements de compte et le rejet de l'autre. La violence engendre indéniablement la violence. S'il est à déplorer et à condamner, le drame survenu au restaurant *La Perle de Larlé* pose par ailleurs le problème de la gestion des parkings dans les commerces. La plupart du temps, le prix du parking et les problèmes de monnaie sont sources d'altercations entre les employés des parkings et les clients. Les grandes surfaces et les restaurants d'un certain standing gagneraient à prendre en charge le parking des clients, comme certains d'entre eux le font si bien. Ce qui a l'avantage d'éviter les situations tendues ou dramatiques, comme ça a été le cas au restaurant *La Perle de Larlé*. L'exemple de la chaine des alimentations *Le Bon Samaritain* mérite d'être encouragé et suivi, dans la mesure où ses clients ne connaissent quasiment pas de tracasseries de parking.

Des assises décisives
Publié dans Sidwaya, le 13 octobre 2022

Le coup d'Etat du 30 septembre dernier, qui a porté à la tête de l'Etat, le capitaine Ibrahim Traoré, a changé le cours de la Transition au Burkina Faso. Même si le Mouvement pour la sauvegarde et la restauration (MPSR) demeure au pouvoir, des réaménagements s'imposent. Cette révolution de palais nécessite l'adoption d'une nouvelle Charte et la désignation d'un nouveau président civil ou militaire de la Transition. D'où la convocation d'assises nationales, les 14 et 15 octobre 2022, par le capitaine Traoré, qui gère les affaires courantes de l'Etat. Les forces vives de la nation, appelées à mener les débats, statueront sur les organes de la Transition, leur rôle et composition. Ils choisiront également la personnalité civile ou militaire qui dirigera le pays. Sauf changement, l'heureux élu devra présider aux destinées du Burkina Faso jusqu'en juillet 2024, conformément au chronogramme établi, de commun accord, avec la Communauté économique des Etats de l'Afrique de l'Ouest (CEDEAO). Les enjeux de ces assises tournent essentiellement autour du maintien ou non à la tête de l'Etat du capitaine Traoré et de la suppression ou pas de l'Assemblée législative de Transition (ALT), jugée « *inutile* » et « *budgétivore* » par une certaine opinion. On le sait, le tombeur du lieutenant-colonel Paul Henri Sandaogo Damiba, a déclaré n'être pas intéressé par le pouvoir, mais plutôt par le combat pour la libération du pays. Le capitaine Traoré s'est retourné contre son ainé à cause des « *aventures politiques malheureuses* » auxquelles il se livrait au détriment de la lutte contre le terrorisme. Homme de terrain aux états de services appréciables, l'ex-chef de corps du Régiment d'artillerie de Kaya est plus que jamais focus sur la lutte contre les djihadistes. Mais une frange non négligeable de Burkinabè, qui sont sortis dans les rues pour acclamer son coup de force, plaident pour son maintien au sommet de l'Etat, surtout dans ce contexte d'insécurité généralisée. Plus de 50 % du territoire national échappe actuellement au contrôle des autorités, ce qui dénote de la gravité de la situation du pays. Pour les inconditionnels du capitaine Traoré, il doit assumer son coup d'Etat, car un civil ne saurait conduire le Burkina Faso, à un moment où les groupes armés ont gagné du terrain. La priorité des priorités, et il faut en convenir avec eux, est la reconquête du territoire national, mission dévolue à l'armée. Un sondage réalisé à chaud par l'Institut *Apidon* indique que 53 % des Burkinabè préfèrent le capitaine Traoré à la tête du pays contre 9,41 % pour l'ex-Premier ministre, Lassina Zerbo et 4,97 % pour le lieutenant-colonel Emmanuel Zoungrana. Au-delà de cette enquête d'opinions, le capitaine Traoré, au regard du capital de sympathie et de confiance dont il jouit, est en bonne posture pour occuper le poste de président de la Transition. Sa personnalité (certains voient en lui la réincarnation de Thomas Sankara) et sa vision de la lutte contre le terrorisme séduisent nombre de compatriotes, qui souhaitent un partenariat renforcé avec la Russie. Même s'il est très peu connu des masses, ce jeune officier de 34 ans incarne incontestablement l'espoir et la rupture dans la gouvernance de l'armée. Le capitaine Traoré gardera-t-il le gouvernail ? Le dernier mot revient aux forces vives de la nation, qui vont se réunir incessamment. L'autre sujet d'intérêt, c'est la nécessité de garder ou pas l'ALT, certains citoyens et leaders d'opinion estimant que le nouveau président de la Transition devrait gouverner par ordonnances. Ce qui permettra, à leur avis, de faire des économies à réinjecter dans la lutte contre le terrorisme, qui demande de gros moyens. Pour peu qu'on fasse preuve de lucidité, l'argument de ces citoyens a du poids. Le fonctionnement de l'ALT mobilise des fonds importants, dans un pays où tout est urgent, comme l'a dit le capitaine Traoré. Aux forces vives de trancher également cette question, qui fait couler beaucoup d'encre et de salive. Le souhait est que les décisions qui seront issues des assises nationales reflètent les aspirations profondes du peuple burkinabè. Le *«pays des Hommes intègres »* est méconnaissable et doit se relever, peu importent les sacrifices à consentir. Il faut des options courageuses pour sortir la mère-patrie du gouffre. Il n'est plus question de tergiverser sur des intérêts égoïstes ou de contenter des individus. L'intérêt supérieur de la nation, qui est en danger, doit prévaloir sur tout.

Une question très sensible
Publié dans Sidwaya, le 3 novembre 2022

A l'heure où le Burkina Faso vit une crise sécuritaire et humanitaire sans précédent, une question fait débat : faut-il armer les populations pour faire face aux terroristes ? Très sensible, cette question mérite d'être posée, tant les groupes armés ont fait couler beaucoup de sang et occasionné de nombreux dégâts humains et matériels sous nos cieux. Depuis 2015, année où les attaques terroristes ont débuté, plus de 2000 personnes (civils et militaires) ont perdu la vie et de nombreux édifices publics et privés ont été détruits. Du fait des exactions des groupes armés, actifs aux quatre coins du pays, on compte plus d'un million et demi de déplacés internes, selon des chiffres officiels actualisés. La situation est d'autant plus critique, que plus de 40 % du territoire national échappe au contrôle des autorités. C'est dire que la nation est menacée dans ses fondements. Malgré la détermination des Forces de défense et de sécurité (FDS) et l'apport inestimable des Volontaires pour la défense de la Patrie (VDP), les groupes armés terroristes ont gagné du terrain au Burkina Faso. Les FDS et les VDP mouillent le maillot pour la nation, mais leurs conditions de travail ne sont pas des plus enviables. Les FDS sont confrontées à des problèmes d'équipements et de maillage du territoire national. Les VDP manquent également d'armements et ne sont pas rémunérées à la hauteur de leurs attentes. Ces soucis limitent objectivement les actions de ces combattants, qui ne baissent pas les bras pour autant. Ils font preuve d'un engagement sans faille pour la défense de la patrie. Les FDS et les VDP font feu de tout bois et parviennent à des résultats encourageants, voire à des exploits. Malgré ces performances à saluer, des leaders d'opinion et des citoyens estiment qu'il faut aller au-delà du tandem FDS-VDP, en armant les populations. Dans leur entendement, il faut donner les moyens aux populations de résister face aux HANI qui, souvent en petit nombre, font fuir tout un village par la force de leurs armes. Entre autre arguments, ils soulignent aussi le fait que les FDS ne peuvent pas toujours réagir à temps pour défendre des populations attaquées. Si elle peut être défendue, la mesure consistant à armer les populations n'est pas à prendre à la légère, peu importe l'autorité. Elle nécessite une analyse sans passion ni émotion, tant elle peut engendrer des conséquences dramatiques. Certains Burkinabè peuvent être tentés d'utiliser les armes fournies à des fins malsaines, ce qui pourrait compliquer davantage la situation du pays. Les risques de dérapages et de représailles ne sont pas à exclure, avec des populations à majorité sans formation militaire. Convenons alors avec l'ancien ministre de la Sécurité, le colonel Auguste-Denise Barry, que l'on ne saurait armer les populations sans un encadrement strict. « *Il faut faire attention à une distribution des armes sans considération de certaines dimensions qui peuvent se retourner contre nous. Cela peut être contreproductif. Nous avons déjà l'expérience sous la Révolution, avec le développement du grand banditisme dans les années 90* », a confié ce très respecté haut gradé, lors d'un panel en août 2022. Des propos à prendre au sérieux dans un Burkina où la violence, tout comme la vie humaine, est devenue banale. Armer les populations n'est pas forcément une mauvaise idée, à condition de prendre les précautions qui s'imposent. C'est une option qui peut avoir un effet positif dans la lutte contre le terrorisme, pour peu qu'il y ait une bonne organisation. Le président de la Transition, le capitaine Ibrahim Traoré, qui a appelé les populations à la mobilisation générale pour libérer le pays, ira-t-il dans ce sens ? *Wait and see.*

Il y a de l'espoir...
Publié dans Sidwaya, le 13 décembre 2022

Dans sa volonté affichée de reconquérir le territoire national, le président de la Transition, le capitaine Ibrahim Traoré, multiplie les initiatives et les offensives contre les groupes armés terroristes. Cette détermination à restaurer la paix dans le pays commence à porter ses fruits, même si on sait que c'est un combat de longue haleine. Les groupes terroristes, qui contrôlent plus de 40 % du territoire national, sont plus que jamais ambitieux dans leur volonté de détruire le Burkina dans ses fondements. Mais tel le roseau qui plie mais ne rompt pas, la nation reste debout et triomphera coûte que coûte l'adversité, peu importe le temps nécessaire. Les premières actions terrestres et aériennes, sous le leadership du capitaine Traoré, donne des lueurs d'espoir. Les forces combattantes ont réussi à libérer la ville de Solenzo, chef-lieu de la province des Banwa (région de la Boucle du Mouhoun), de l'emprise des terroristes, qui y dictaient leur loi. Le drapeau national flotte à nouveau à Solenzo et c'est à l'honneur de tous les patriotes, qui œuvrent de part et d'autre et au prix de leur vie, pour sauver la nation. La joie de vivre est revenu dans cette localité, où les habitants ont manifesté leur joie dans la rue. Le souhait est que ce genre de scènes se multiplient à l'échelle nationale. Quand on sait, que la reprise des localités sous occupation terroriste est un indicateur de succès des opérations militaires, l'on ne peut que se réjouir de cette avancée. Il en faut bien plus, pour se bomber la poitrine, mais c'est un bon début dans la remobilisation des forces de défense et de sécurité (FDS) et des Volontaires pour la défense de la patrie (VDP). Et dire que la reconquête de Solenzo est intervenue à la veille de la célébration du 62ᵉ anniversaire de l'accession à l'indépendance du pays, il y a de quoi voir l'avenir sous les meilleurs auspices. Dans son message télévisé à la nation à l'occasion de la fête nationale, célébrée tous les 11 Décembre, le chef de l'Etat s'est montré plus que jamais combatif, en ces moments difficiles. « *Le combat pour l'indépendance totale a commencé il y a quelques semaines de cela. Et ce combat passe nécessairement par les armes, mais aussi par nos valeurs, nos comportements et le redressement de notre économie. La bataille contre l'ennemi qui occupe nos terres est en train de commencer* », a-t-il affirmé. Il a salué la solidarité naissante, exemples à l'appui. Le capitaine Traoré a cité, entre autre, la fourniture gratuite de camions par des Burkinabè pour ravitailler leurs compatriotes en souffrance et la fourniture de dons de diverses natures pour l'encadrement et la formation des VDP. Cette solidarité agissante est particulièrement attendue dans la mobilisation, en 2023, de 100 milliards F CFA pour alimenter le Fonds de soutien pour l'effort de guerre, créé par l'exécutif pour l'équipement et la prise en charge des 50 000 VDP nouvellement recrutés. Les Burkinabè, pauvres ou riches, jeunes ou vieux, femmes ou hommes, doivent impérativement soutenir le combat contre le terrorisme qui menace l'existence de leur chère patrie. On ne saurait prendre le dessus sur les forces du mal, en rangs dispersés, dans les rancœurs, la haine, la stigmatisation et la vengeance. Un élan de solidarité et une synergie d'actions sont indispensables à la reconquête du territoire national, souhaitée de tous nos vœux. Il faut une union sacrée autour des autorités de la Transition, dont l'engagement pour la libération du pays ne souffre d'aucune ambiguïté. « *Notre lutte ne s'arrêtera que lorsque tous les enfants du Burkina Faso mangeront à leur faim et dormiront tranquillement dans leur pays* », a rassuré le capitaine Traoré. Qu'il en soit ainsi….

La vague russe
Publié dans Sidwaya, le 22 décembre 2022

Les autorités burkinabè, résolument engagées dans la diversification des partenariats en matière de lutte contre le terrorisme, veulent porter la coopération avec la Russie à un niveau plus important. Cette volonté avait été affichée, sous le régime de Roch Marc Christian Kaboré, avec la signature d'un accord de coopération militaire avec la Russie, le 21 août 2018. La dynamique avait ensuite été timidement poursuivie, sous le lieutenant-colonel Paul Henri Sandaogo Damida, avant que les événements ne prennent une autre tournure avec l'avènement au pouvoir du capitaine Ibrahim Traoré. Cet officier, décidé à libérer le Burkina Faso de l'emprise des groupes armés qui l'assaillent depuis 2015, entend ratisser large en matière de partenariat pour atteindre cet objectif aussi noble que vital. La situation de notre chère patrie, occupée à plus de 40 % par les terroristes, est si préoccupante qu'il faille taper à toutes les portes pour espérer sortir de l'ornière. La vision du président de la Transition remet, plus que jamais en selle, la Russie, avec qui le « *pays des Hommes intègres* » entretient une coopération vieille de plus de 50 ans. Le récent séjour en terre russe du Premier ministre, Me Apollinaire Kyélem de Tembèla, et les confidences qui en découlent sont édifiants à plus d'un titre. « *Nous souhaitons que la Russie soit un allié comme tous nos partenaires et nous savons que la Russie est une grande puissance et si la Russie le veut, elle peut vraiment nous aider dans ce domaine»*, a confié le chef du gouvernement, à la chaine russe RT France. Aussi s'attend-il à ce que les amis russes s'investissent dans d'autres secteurs, notamment l'approvisionnent du Burkina Faso en blé et en engrais. Certains Burkinabè, qui appellent sans cesse les autorités à nouer une coopération avec le pays de Vladimir Poutine, ne le savent peut-être pas, mais cette relation existe depuis belle lurette. Il ne reste qu'à la raviver et à la renforcer en fonction des besoins du moment. Le capitaine Traoré a d'ailleurs reçu une lettre d'invitation à participer au prochain sommet Russie-Afrique en 2023, à en croire le Premier ministre Kyelem. Ce serait certainement l'occasion de s'accorder sur des questions militaires, si le président de la Transition arrivait à effectuer le déplacement. A l'évidence, la Russie est capable de fournir des armes de guerre et des instructeurs de qualité au Burkina Faso, tout comme d'autres puissances occidentales. Le pays des Tsars n'est-il d'ailleurs pas le plus important fournisseur d'armes en Afrique, avec 44 % des importations, loin devant les Etats-Unis et la Chine ? En tant qu'Etat souverain, le Burkina Faso a le droit d'envisager toutes les options pour se tirer d'affaire, dans un contexte où son existence est menacée et où la solidarité face aux forces du mal est mise à rude épreuve. Le G5 Sahel, organisation censée favoriser la lutte contre le terrorisme et à laquelle le Burkina appartient, semble être au point mort depuis le retrait du Mali. Le penchant du gouvernement burkinabè pour la Russie s'accompagne d'une polémique, certains pays occidentaux, comme la France et les Etats-Unis, étant opposé à un recours au groupe de sécurité privé *Wagner*. Ces joursci, le président ghanéen, Nana Akuffo-Addo, a affirmé que *Wagner*, qui opère déjà au Mali et en Centrafrique, est déployé sur le territoire burkinabè, en échange de l'exploitation d'une mine. Cespropos ont suscité un branle-bas diplomatique et un démenti de l'exécutif burkinabè. Ce malentendu n'a pas fondamentalement remis en cause le bon voisinage entre les deux nations. Quoi qu'il en soit, le Burkina Faso, qui vit une grave crise sécuritaire avec plus de 2 000 morts et plus d'un demi-million de déplacés internes, a besoin d'aide d'où qu'elle vienne. N'en déplaise à ceux qui s'enferment dans les considérations géopolitiques…

Deuxième partie :
L'Afrique et le reste du monde

Le virus du pouvoir : Adama Barrow « *contaminé* »
Publié dans Sidwaya, le 22 novembre 2021

Il s'était engagé à ne pas occuper le fauteuil présidentiel pendant longtemps, mais le virus du pouvoir a manifestement eu raison de lui. Le président gambien, Adama Barrow, a été rattrapé par la réalité. A grands pas. Elu à la tête de la Gambie en 2016, il a quelque peu déçu ses compatriotes à l'épreuve du pouvoir. Adama Barrow semblait pourtant susciter un véritable espoir, contrairement à son prédécesseur, le dictateur Yaya Jammeh, qui n'avait pas voulu lui céder le trône malgré sa défaite, n'eût été la pression de la Communauté économique des Etats de l'Afrique de l'Ouest (CEDEAO). Cet homme d'affaires de 56 ans, qui s'est essayé avec succès à la politique (son élection a été une surprise), avait indiqué ne pas vouloir tenir le gouvernail pendant plus de trois ans sur son quinquennat. Une déclaration qui avait été accueillie avec enthousiasme dans les rues de Banjul. Mais à la vérité, cette décision visait à respecter l'esprit de la charte fondatrice de la Coalition de partis d'opposition qui l'avait porté au pouvoir. Le document prévoyait qu'Adama Barrow devait diriger un gouvernement provisoire, avant de se retirer pour permettre l'organisation d'une élection présidentielle anticipée, à laquelle tous les candidats de l'opposition allaient se présenter dans des « *conditions pleinement libres et démocratiques* ». Adama Barrow n'a malheureusement pas respecté cet engagement. Il a tenu mordicus à achever son mandat, s'attirant des foudres en 2019, en témoignent les contestations qui ont été durement réprimées en son temps. De surcroit, il s'est lancé à la conquête d'un second mandat dans le cadre de la présidentielle du 4 décembre prochain. Un véritable pied de nez à ses compatriotes. Mais comme on le dit, en politique, les promesses n'engagent que ceux qui y croient. Adama Barrow n'a pas voulu faire un bref passage au palais présidentiel, et le voilà en campagne pour rempiler, depuis le 9 novembre dernier. Le président gambien a manifestement bien mûri son projet de second bail, puisqu'il s'est défait de la coalition de 2016 pour créer son propre parti, le NPP, allant même jusqu'à pactiser avec le parti de Yaya Jammeh, l'APRC, *«dans l'intérêt de la sécurité nationale et de la réconciliation nationale »*. Nombre de Gambiens ont crié au scandale après avoir appris cette alliance, estimant qu'elle vise à « *absoudre* » l'ex-dictateur des nombreux crimes économiques et de sang, dont il est accusé. Ce dont Adama Barrow et son entourage se sont toujours défendus. Comprenne qui pourra, le chef de l'Etat gambien fait feu de tout bois pour se maintenir au pouvoir. Veut-il aussi régner sans partage comme Yaya Jammeh, qui a pris les commandes du pays suite à un coup d'Etat en 1994 ? Il est encore trop tôt pour le dire. Candidat à sa propre succession, Adama Barrow fait figure de favori face à cinq autres candidats : le chef de l'opposition Ousainou Darboe, le candidat indépendant Essa Mbaye Faal, Abdoulie Jammeh du Parti pour l'unité nationale (NUP), Adama Kah du Congrès démocratique de Gambie (CDG) et Halifa Sallah, de l'Organisation démocratique du peuple pour l'indépendance et le socialisme (PDOIS). Il compte s'appuyer sur son bilan jugé « *positif* » pour s'imposer dans les urnes. Un véritable test pour lui dans la Gambie post Jammeh ! Adama Barrow peut se targuer d'avoir enregistré des acquis dans divers domaines. Dans le secteur de l'éducation, il a œuvré pour la révision des programmes scolaires et le recrutement de centaines d'enseignants. En matière d'infrastructures, il a lancé la construction de plusieurs routes pour désengorger le pays, dont l'économie repose sur le tourisme. Adama Barrow s'est également illustré positivement, à travers l'initiation d'une campagne d'électrification du pays. Il a aussi et surtout réussi à faire oublier plus de deux décennies d'isolement diplomatique de son pays. La Gambie, on s'en souvient, était au banc de la communauté internationale à cause des agissements du pouvoir autoritaire d'alors de Jammeh, refugié depuis sa chute en Guinée équatoriale. Le président Barrow peut s'enorgueillir d'avoir normalisé les relations entre son pays et ses voisins, notamment le Sénégal et la Gambie et avec d'autres Etats du Golfe arabe, d'Europe, d'Asie et d'Afrique. Il peut également mettre à son actif, le retour de son pays au sein du Commonwealth et le développement de nouveaux partenariats avec des puissances telles la Chine et l'Inde. Certains observateurs lui prêtent aussi des efforts de démocratisation de la Gambie : une dizaine de partis politiques sont en activité. Tout n'est pourtant pas rose. Sur le

plan des libertés individuelles et collectives, le président Barrow n'a pas de bons points. Des organisations gambiennes ou internationales, dont Amnesty International, lui reproche de n'avoir pas travaillé à supprimer les lois répressives, utilisées sous le régime Jammeh pour museler la presse et les opposants. Ce qui parait inexplicable. Adama Barrow doit donc convaincre ses compatriotes, qu'ils ont de bonnes raisons de poursuivre le combat pour le développement avec lui.

Il a en face, ses adversaires qui n'entendent pas faire de la figuration à cette présidentielle. C'est à celui qui pourra gagner la confiance des Gambiens, de l'emporter. D'ores et déjà, la campagne semble se dérouler sans couacs et on peut espérer autant pour le jour du scrutin et l'acceptation des résultats. Tous les candidats ou leurs représentants ont signé un Code de bonne conduite pour une élection apaisée. Autre fait encourageant, le président Barrow, qui tient l'appareil d'Etat, est visiblement dans une bonne disposition d'esprit, à voir ses déclarations. *« Quoi que le peuple gambien décide, je le respecterai, parce que je suis un démocrate et je crois en l'état de droit et en la démocratie »*, a-t-il récemment soutenu. Qu'il en soit ainsi…..

Dadis Camara et les fantômes du 28 septembre
Publié dans Sidwaya, le 29 décembre 2021

Alors qu'il est acculé par la Communauté économique des Etats de l'Afrique de l'Ouest (CEDEAO) qui exige un calendrier pour le retour des civils au pouvoir, le colonel Mamadi Doumbouya a marqué un gros coup dans sa volonté de réconcilier les Guinéens. La semaine dernière, le tombeur d'Alpha Condé a réussi à faire revenir au pays, ses devanciers à la tête de l'Etat, le capitaine Moussa Dadis Camara et le général Sékouba Konaté, respectivement en exil au Burkina et en France. Mieux, il est parvenu à les réconcilier, le samedi 25 décembre dernier, au palais Mohamed V de Conakry. Une démarche pour le moins inédite, puisque cela faisait plus de 10 ans que Camara et Konaté, éloignés par des divergences, ne s'étaient plus revus et parlé. Les deux personnalités avaient conduit ensemble la transition, suite au coup d'Etat perpétré en décembre 2008 après le décès de Lansana Conté, avant que le sort n'en décide autrement. Dadis Camara était le président de la junte militaire à l'époque et Sékouba Konaté, le numéro 2. Après la tentative d'assassinat du premier le 3 décembre 2009 et son évacuation pour des soins au Maroc, c'est le second qui a pris la tête de la transition, jusqu'à l'élection d'Alpha Condé en fin 2010. Si la brouille entre ces deux anciens militaires n'impactait pas véritablement la vie publique en Guinée, leur rapprochement sert indéniablement les intérêts du pays. Ils restent des leaders d'opinion écoutés et respectés par leurs partisans au sein des populations civiles et dans l'armée. Le colonel Doumbouya a donc fait un pas important dans le renforcement de la paix et de l'unité nationale dans ce pays qui a connu des régimes autoritaires ou dictatoriaux. Si l'initiative du président du Comité national de rassemblement pour le développement (CNRD) est à saluer, il peut aussi donner lieu à des spéculations. On le sait, le commandant des forces spéciales est en train de renforcer ses assises et son leadership dans l'armée. En octobre dernier, Doumbouya a envoyé une quarantaine de généraux à la retraite (des proches d'Alpha Condé et de Sékouba Konaté en font partie) pour s'entourer désormais d'hommes de main. Cette réconciliation pourrait bien profiter à Doumbouya, qui affiche une volonté de rassembler la « *grande muette* » autour de sa personne. Elle pourrait surtout l'aider à prévenir d'éventuels conflits dans les rangs, Camara et Konaté y comptant encore des relais, malgré ces années passées hors des casernes. C'est de bonne guerre ! Tout geste pouvant consolider la paix et le vivre-ensemble au pays de Sékou Touré est à encourager. Toutefois, nombre de Guinéens craignent que cette réconciliation n'influe sur le dossier du massacre de civils, le 28 septembre 2009 à Conakry, lors d'une manifestation de l'opposition contre le régime de Dadis Camara. Cette affaire, qui avait fait plus de 150 morts et occasionné des viols sur une centaine de femmes, avait débouché sur une inculpation de l'ancien président de la transition et d'autres officiers en 2015. Dadis Camara a toujours clamé son innocence dans ce dossier, mais seule la justice est à même de situer les responsabilités. A peine rentré au bercail, il s'est dit favorable à la tenue d'un procès qui serait, selon ses propres termes, un « *ouf de soulagement* » pour les familles des victimes, le peuple guinéen et la communauté internationale. Dans l'attente depuis 12 ans, les organisations des droits de l'homme et les proches des victimes espèrent que le retour de Dadis Camara va donner lieu à l'organisation effective d'un procès. La justice guinéenne y travaille manifestement, avec l'appui de la Cour pénale internationale (CPI) qui a récemment rappelé aux autorités la nécessité de juger les personnes accusées dans l'affaire. En la matière, le colonel Doumbouya est visiblement dans une bonne disposition d'esprit. Il a participé à la commémoration du 12e anniversaire du massacre du 28 septembre 2009 au stade de Conakry. Une présence qui a été perçue comme un signal fort, dans la volonté de faire la lumière sur cet évènement malheureux. A moins de jouer à un faux jeu, le colonel Doumbouya ne devrait pas travailler à bloquer la machine judiciaire pour une raison ou pour une autre. L'homme fort de Conakry sait mieux que quiconque, que la vérité et la justice sont des étapes indispensables à la réconciliation nationale à laquelle il tient tant…

Pouvoir, quand tu nous tiens !
Publié dans le quotidien Sidwaya, le 27 décembre 2022

S'achemine-t-on vers une candidature à un 3e mandat du président gabonais, Ali Bongo ? Ce scénario semble très probable, au regard de l'appel lancé dans ce sens par le Parti démocratique gabonais (PDG), lors de son 12e congrès ordinaire clôturé, le samedi 24 décembre 2022, à Libreville. Pour le parti au pouvoir, Ali Bongo est le « *candidat naturel* », celui-là qui réunit les qualités pour défendre ses couleurs à la présidentielle d'août 2023. Les militants du PDG ont en connaissance de cause réaffirmé leur « *soutien inaltérable* » au « *camarade distingué* » qui n'a pas boudé le plaisir d'être adoubé par les siens. « *J'ai entendu le message et vos nombreux appels […] Je les prends pour des témoignages de confiance. Vos appels ne sont pas tombés dans l'oreille d'un sourd* », a réagi Ali Bongo.

Du haut de ses 63 ans, le chef de l'Etat gabonais est en phase avec sa famille politique pour briguer un 3e mandat, n'en déplaise à ses détracteurs du Gabon et d'ailleurs. Ali Bongo devrait en toute logique annoncer prochainement sa candidature pour un nouveau bail, à moins qu'il nous surprenne en décidant de prendre une retraite. A la vérité, la recommandation du PDG à l'intention d'Ali Bongo n'est pas surprenante. Depuis des mois, des militants du parti au pouvoir, pour ne pas dire des inconditionnels du chef de l'Etat, n'ont de cesse de lui demander de se représenter, malgré son état de santé fragile. Ali Bongo a été victime d'un accident vasculaire cérébral (AVC) en octobre 2018, un mal qui l'a physiquement et intellectuellement diminué. Ses apparitions publiques ont permis de se faire une idée des séquelles importantes de sa maladie. L'idée d'un 3e mandat pour Ali Bongo est-elle vraiment bonne ? A l'évidence, une troisième candidature du locataire de la résidence de la Sablière ne pose pas juridiquement de problème, puisque la Constitution révisée de 2017 n'impose pas de limitation des mandats présidentiels. Toutefois, la personnalité d'Ali Bongo est clivante. Certains Gabonais redoutent à raison l'instauration d'une dynastie des Bongo. Il n'a pas échappé aux observateurs avertis, qu'Ali a succédé à son père, Omar, décédé en 2009, des suites d'un cancer. Ce passage du pouvoir de géniteur à fils, caractéristique d'une gestion clanique, est très mal perçu dans les rangs de l'opposition, s'il ne nourrit pas jusqu'à présent des rancœurs. On a souvenance que les présidentielles de 2009 et de 2016 avaient donné lieu à des émeutes, avec malheureusement des morts et des blessés. Au Gabon, les violences électorales constituent une tradition, qui remonte à la présidentielle de 1993, sous Bongo père. Si légalement Ali Bongo peut solliciter un 3e mandat, il n'en demeure pas moins qu'un tel projet revêt des risques sociopolitiques majeurs. Les ambitions présidentielles renouvelées d'Ali Bongo pourraient faire revivre des scènes de violences, ce qui n'est pas bon pour l'image du Gabon. Il marche sur des braises. Son clan qui travaille à le maintenir coûte que coûte au pouvoir, pour certainement jouir des privilèges y relatifs pendant des années encore, pourrait le regretter amèrement. Ali Bongo détient l'appareil d'Etat, avec tout ce que cela implique comme avantages et puissance, pour se faire réélire, mais seul le peuple gabonais a le dernier mot. Sa gouvernance, encore moins le bilan de ses deux mandats, n'est pas reluisante. Le chef de l'Etat a pris des mesures économiques courageuses (l'interdiction d'exporter le bois en fait partie) et consenti des efforts pour réduire le train de vie de l'Etat, en témoigne, par exemple, la suppression des fonds communs. Ces acquis sont malheureusement plombés par la persistance du phénomène de la corruption, l'enrichissement illicite, le népotisme et autres tares. Ali Bongo ne peut pas se targuer d'avoir fondamentalement transformé la société gabonaise. Il a pourtant eu du temps pour le faire. A quoi bon vouloir alors d'un 3ᵉ mandat, avec des résultats loin d'être enviables et de surcroît dans un état de santé précaire ? Il faut être dans les secrets d'Ali Bongo et de ses affidés pour le savoir…

Calculs sénégalais
Publié dans Sidwaya, le 25 janvier 2022

Alors que les Burkinabè se réveillaient avec une grogne militaire, dans la matinée du dimanche 23 janvier 2022, les Sénégalais, eux, s'apprêtaient à aller aux urnes, pour des élections locales au suffrage direct, notamment des municipales et des départementales. Au pays de la Teranga, plus de 6 millions d'habitants ont donné leurs voix aux maires et aux conseillers départementaux, qu'ils estiment à même de porter leurs aspirations. Le vote s'est déroulé dans une « *ambiance de parfaite démocratie* », à part « *quelques retards ou dysfonctionnements* » signalés par la Commission électorale, Cena. Il n'y a pas encore de résultats officiels, mais les premières tendances semblent déjà donner des indications. Dans la soirée, la coalition d'opposition

Yewwi Askan Wi, constituée autour de Khalifa Sall et d'Ousmane Sonko, s'appuyant sur les premiers résultats des urnes, a revendiqué la victoire dans deux villes symboliques, Ziguinchor et Dakar. La mouvance présidentielle, *Benno Bokk Yakaar*, pilotée par le président Macky Sall, n'a pas dit le contraire. Dans un communiqué diffusé tard dans la nuit du dimanche, elle a admis sa défaite dans ces deux grandes métropoles, tout en se réjouissant d'être largement en tête dans la plupart des localités. A priori, ces élections de proximité, prévues initialement en juillet 2019 et reportées deux fois à cause d'un audit du fichier électoral, constituent un test pour le président Sall et ses adversaires qui appellent à l'alternance en 2024. Le chef de l'Etat sénégalais a fait de ce scrutin local, le premier depuis sa réélection en février 2019, un challenge personnel. Il a désigné *himself* les candidats de la coalition présidentielle dans toutes les collectivités territoriales, frustrant certains de ses partisans. A mi- mandat, le président Sall veut redorer son blason sur la scène politique, et pourquoi pas, s'assurer un certain avenir. Il a de quoi se faire du souci, après les émeutes relatives à l'arrestation de Sonko, pour menaces de mort sur une employée d'un salon de massage et à la « *vie chère* ». Si le chef de l'Etat sénégalais arrive à garder la mainmise sur les collectivités territoriales, ce qui se dessine d'ailleurs avec les premières tendances nationales, il pourra se targuer d'avoir toujours la confiance des populations. Le seul défi qu'il n'est pas assuré de relever, c'est de ravir la vedette à l'opposition dans ses bastions ou dans les grandes villes. On a déjà des signaux, avec la défaite de la coalition présidentielle à Dakar et à Ziguinchor. Malgré tout, le régime Sall devrait toujours jouer les premiers rôles dans la gestion des communes et départements et, pourquoi pas, voir l'horizon en grand. L'opposition, pour sa part, souhaite conquérir plus de communes et de départements que le pouvoir en place, et ouvrir la voie à une alternance au sommet de l'Etat. On peut se risquer à dire que le pari est difficile à relever pour Sonko et ses camarades, qui sont allés en rangs dispersés aux locales, avec les moyens du bord. Casser du Sall, dans ces conditions, n'est pas une chose aisée, même si tous les Sénégalais n'apprécient pas positivement la gouvernance de celui-ci. Le président sénégalais tient l'appareil d'Etat, avec tout ce que cela implique, et ce n'est pas rien dans nos démocraties en construction. Il n'est donc pas étonnant que la coalition présidentielle soit en bonne posture, au vu des premières tendances des locales. Cette position, si elle se confirmait, va amener le président Sall et ses affidés à espérer faire également de bons résultats aux législatives, prévues en juillet prochain. Même si ce n'est pas gagné d'avance. Tout n'est que spéculation pour le moment. Les hommes politiques étant ce qu'ils sont, des victoires à ces locales et aux futures législatives pourraient donner des envies de troisième mandat à Macky Sall, muet sur le sujet. Toutefois, il pourrait se mettre à dos l'opposition, avec sa figure montante, Sonko, s'il franchissait ce pas. Les opposants tiennent au respect des dispositions constitutionnelles et ne transigent pas là-dessus. Une révision de la loi fondamentale sénégalaise, actée en 2016, limite à deux le nombre de mandats présidentiels. Mais il n'est pas exclu que Sall remette les compteurs à zéro, comme son homologue ivoirien, Alassane Ouattara, pour s'octroyer un nouveau bail présidentiel. Personne n'est dans le secret de ses ambitions. Un tel projet est tout de même périlleux, puisqu'il pourrait provoquer de grosses étincelles dans le pays. En tous les cas, le Sénégal, seul pays à ne pas connaitre de coup d'Etat dans la sous-région ouest-africaine, depuis les indépendances, est un exemple de démocratie à préserver à tout prix. C'est une exception, une fierté…

Pour une solidarité agissante
Publié dans Sidwaya, le 15 février 2022

Après les pays sahéliens, où ils sèment le deuil, les groupes armés terroristes progressent vers la côte ouest-africaine. Des Etats côtiers, tels la Côte d'Ivoire, le Togo et le Bénin, ont déjà été touchés par des attaques djihadistes et la tendance semble se poursuivre malheureusement. La dernière nation à être encore victime de cette poussée djihadiste, c'est le Bénin, où deux attaques ont été perpétrées, dans le Parc W au Nord du pays, entre le 8 et le 10 février 2022. Deux patrouilles, l'une de gardes forestiers et l'autre de reconnaissance, sont tombées sur des engins explosifs improvisés, armes redoutables des terroristes. Le bilan de cette attaque a été établi à 9 morts, dont un instructeur français et 12 blessés. La zone du parc W est particulièrement visée par les forces du mal, à telle enseigne que le gouvernement béninois veut y déployer rapidement des militaires et du matériel. Il faut à tout prix sécuriser cette aire protégée transfrontalière, qui n'attire quasiment plus de touristes, à cause de l'insécurité. C'est de bon ton, que les autorités béninoises prennent les devants pour casser du terroriste, mais on a bien peur, qu'il ne soit trop tard. Le diable est manifestement déjà entré dans la maison, en témoignent les attaques terroristes, dont le pays est victime depuis 2019. Au Bénin, tout comme en Côte d'Ivoire, les groupes armés affiliés au Groupe de soutien à l'islam et aux musulmans (GSIM) et à l'Etat islamique au Grand Sahara sont actifs, même si ce n'est pas encore à un niveau très préoccupant. Des notes d'experts ou d'instituts réputés, tel l'Institut français des relations internationales (IFRI), l'attestent. Il faut craindre qu'ils n'implantent des bases dans les pays côtiers, si ce n'est déjà effectif. Les gouvernants ouest-africains doivent tout mettre en œuvre pour que la menace terroriste ne s'installe aussi durablement dans les pays côtiers. Il suffit de voir les conséquences socioéconomiques désastreuses du terrorisme au Sahel, pour comprendre les enjeux de cette anticipation. Dans les pays très touchés, tels le Mali, le Niger et le Burkina, on enregistre, des milliers de morts et de blessés et des millions de déplacés internes. De même, les administrations publiques et privées sont inexistantes dans certaines localités, de nombreux centres de santé, écoles et commerces sont fermés. On assiste à une crise humanitaire sans précédent dans les trois pays cités, où des millions de personnes fuyant les attaques terroristes ne peuvent plus s'abriter, se soigner, se nourrir, accéder à l'eau potable et à l'éducation. L'insécurité contribue aussi à alimenter la pénurie alimentaire ou à la flambée des prix des denrées, à la désolation des populations qui peinent déjà à joindre les deux bouts, en temps normal. Ces tristes réalités commandement, que les dirigeants ouest-africains prennent des dispositions, pour ne pas que les groupes armés conquièrent aussi les pays côtiers. Ce pari ne saurait être gagné, sans une solidarité agissante. Au Sahel, la menace terroriste s'est étendue d'un pays à l'autre, sans qu'on sente véritablement des actions communes pour arrêter sa progression. C'est à croire qu'on assistait,

impuissant, à un spectacle désolant. Apparemment, c'était chacun pour soi, Dieu pour tous. Face au péril terroriste, les pays sahéliens se sont débrouillés pour mettre en place le G5 Sahel, dont la force conjointe peine à monter en puissance, faute de moyens financiers et logistiques conséquents. A part les soutiens de principe, qu'ont fait les pays côtiers pour soutenir le G5 Sahel, quand même l'organisation ne couvrirait pas précisément leur espace. Ils ont préféré assurer la veille sécuritaire, chacun en ce qui le concerne, oubliant que le terrorisme n'a de cesse de repousser ses limites. Même si certains accords ont été signés, on ne sent pas vraiment une coopération entre les Etats ouest-africains en matière de lutte contre le terrorisme. Les discours sont bien rodés, mais les actes ne suivent pas toujours.

Pour le cas des pays sahéliens, on aurait aimé voir les forces spéciales du Bénin ou du Togo venir en aide aux soldats burkinabè ou nigérien sur le terrain. Ou encore des avions militaires béninois ou togolais prêter main forte aux armées malienne ou burkinabè dans la traque des terroristes. Au lieu que ce soit la France qui soit très souvent en première ligne, avec ce que cela suscite comme polémique, ce sont les armées voisines qui devraient l'être. On aurait aimé aussi voir la Côte d'Ivoire ou un autre pays de l'espace CEDEAO apporter un soutien financier, fût-il insignifiant, au G5 Sahel. C'est cela aussi l'esprit communautaire. Les opérations conjointes entre pays ouest-africains, le long des frontières, sont à saluer, mais ce n'est pas suffisant. Il en faut aussi à l'intérieur des Etats visés par les attaques terroristes. La solidarité agissante sur tous les plans est une nécessité face à l'ennemi commun. Les dirigeants de l'Afrique de l'Ouest doivent donc aller au-delà des déclarations et prouver leur bonne foi, avec plus d'actes concrets dans la lutte contre l'hydre terroriste. Le ton pourrait être donné, par exemple, avec la création d'une force anti-terroriste propre à la Communauté économique des Etats de l'Afrique de l'Ouest (CEDEAO).

Un dialogue difficile
Publié dans Sidwaya, le 22 mars 2022

S'il n'est pas rompu, le dialogue entre le Mali et la Communauté économique des Etats de l'Afrique de l'Ouest (CEDEAO) est compliqué. Trop compliqué. Les deux parties n'arrivent pas à s'accorder sur une durée de la Transition, conduite par le colonel Assimi Goita, auteur de deux coups d'Etat, notamment en août 2020 et en mai 2021. Les élections présidentielle et législatives du 27 février 2022 n'ayant pas pu se tenir, la CEDEAO manœuvre de tout son possible pour obtenir une nouvelle échéance, en vue d'un retour à un ordre constitutionnel normal au Mali. L'organisation sousrégionale s'y prend avec peine, puisqu'en décembre 2021, la junte malienne a affiché son intention de rester au pouvoir pendant cinq ans. Ce projet a tout naturellement mis le feu aux poudres. Les putschistes de Kati n'ontils pas été qualifiés de « *plaisantins* » ? Ce qui semblait être un désaccord au départ s'est transformé en un bras de fer entre la CEDEAO et le Mali. L'institution sous-régionale, qui veut absolument voir le Mali renouer avec la démocratie, s'est montrée intraitable. En accord avec l'Union économique et monétaire ouest-africaine (UEMOA), elle a pris, en début·d'année, de lourdes sanctions économiques contre le pays, qui dépend en grande partie des importations. Exit la possibilité d'avoir quelques produits de première nécessité, le Mali s'est vu interdire toute transaction commerciale et financière avec les autres pays membres de la CEDEAO. Conséquence, les Maliens vivent une inflation et des pénuries sans précédent depuis l'entrée en vigueur de ces mesures coercitives. Privé de ses fonds, le Mali n'arrive plus à respecter ses engagements sur le marché financier régional, ce qui contribue à dégrader son image auprès des investisseurs. On a beau être un patriote et un soutien indéfectible au colonel Goita, les conséquences de telles sanctions ne laissent pas indifférent. Si cette situation est malheureuse, rien n'indique qu'elle va prendre fin de sitôt. Les derniers développements de l'actualité refroidissent les ardeurs. Le médiateur de la CEDEAO, l'ancien président nigérian, Goodluck Jonathan, est à la manœuvre mais l'horizon n'est pas encore dégagé.

Après un énième séjour à Bamako, le week-end écoulé, il n'a pas obtenu un compromis avec la junte malienne, qui fait des pas en arrière, sans pour autant convaincre la CEDEAO, plus que jamais intransigeante. Le colonel Goita et ses hommes ont proposé un nouveau chronogramme de 24 mois au facilitateur, après ceux de 29 et de 36 mois. De cinq ans, les autorités maliennes sont revenues à deux ans, un délai « *incompressible* » selon elle. Mais pour la CEDEAO, les élections doivent se tenir dans un délai de 12 à 16 mois, comme elle l'a réaffirmé il y a quelques semaines. Il n'est pas question d'aller au-delà. On n'est donc pas sorti de l'auberge dans le bras de fer entre le Mali et la CEDEAO, qui conditionne la levée des sanctions économiques à un accord sur la période de la Transition. Il faut toutefois saluer les efforts consentis par la junte militaire pour revenir à un délai plus ou moins raisonnable, même si les 24 mois n'enchantent pas pour le moment l'institution sousrégionale. Le clan Goita est manifestement en train de comprendre qu'une guerre contre la CEDEAO n'arrange pas le Mali. Bien au contraire, elle fait sombrer petit à petit le pays, qui quoi qu'on dise, a choisi librement la démocratie et doit se conformer aux exigences de ce type de régime. Même si on comprend les défis sécuritaires auxquels le Mali est confronté actuellement, une Transition ne saurait s'éterniser au pouvoir. A la CEDEAO, qui est dans son rôle, malgré les critiques, d'être pragmatique, pour le bien de l'Afrique de l'Ouest. Il faut à tout prix trouver un *modus vivendi* dans le dossier malien. Ce n'est pas la junte militaire qui souffre des sanctions économiques, mais bel et bien les populations.

Guinée : l'énigme Doumbouya
Publié dans Sidwaya, le 19 avril 2022

Alors que la Communauté économique des Etats de l'Afrique de l'Ouest (CEDEAO) met la pression pour obtenir un calendrier pour un retour à un ordre constitutionnel normal, le président de la Transition en Guinée, le colonel Mamady Doumbouya, semble tranquille dans son fauteuil. Il ne se hâte visiblement pas pour prouver sa volonté de céder le pouvoir aux civils dans un temps raisonnable, conformément aux engagements pris à son investiture en octobre 2021. Certes, le nouvel homme fort de Conakry a mis en place des organes de transition et s'échine à mettre œuvre une Charte y relative, mais nul ne peut prétendre savoir où il va. L'horizon est bien flou. C'est le vendredi 15 avril dernier, que le ministre guinéen de l'Administration du territoire et de la décentralisation, Mory Condé, a présenté une sorte de chronogramme en dix étapes à suivre, avant la remise du gouvernail aux civils. Ce sont, entre autres, le recensement général de la population, le recensement administratif à vocation d'état-civil, l'établissement du fichier électoral, l'élaboration de la nouvelle Constitution, l'organisation du scrutin référendaire, l'élaboration des textes de lois organiques, l'organisation des élections locales et législatives, la mise en place des institutions nationales issues de la nouvelle Constitution et l'organisation de l'élection présidentielle. Si ces étapes s'appréhendent clairement, il reste à fournir un agenda, pour situer les Guinées et la communauté internationale sur les vraies intentions des tenants du pouvoir à Conakry. Le ministre Condé a adressé une correspondance aux coalitions de partis politiques pour leur demander de faire parvenir une proposition de temps pour chaque étape du chronogramme dévoilé vendredi, au plus tard le 20 avril 2022. Faut-il voir, en ce processus, une manière pour le colonel Doumbouya de courber l'échine face à la CEDEAO, qui l'a sommé de présenter, au plus tard le 25 avril prochain, un chronogramme acceptable, sous peine de sanctions économiques lourdes ? Il serait hasardeux de le dire. Il faut toutefois noter que la CEDEAO, sous les feux des critiques pour ses positions parfois ambiguës, ne veut pas transiger avec les putschistes par ces temps qui courent. Le Mali l'a appris à ses dépens, en écopant de lourdes sanctions économiques, qui ont plombé son économie, pourtant résiliente face à la crise sécuritaire. La Guinée, déjà suspendue des instances de la CEDEAO avec en plus des sanctions individuelles contre des membres de la junte militaire, va-t-elle subir le même sort ? On ne saurait y répondre, mais force est de reconnaitre que le temps ne joue pas en faveur des autorités de la Transition guinéenne. L'échéance donnée par la CEDEAO approche à grands pas, et il faut craindre que l'institution communautaire, dont le poids n'est pas à négliger, actionne ses sanctions économiques, en cas de non- respect de l'injonction de fournir un calendrier acceptable. Sans jouer à l'avocat de la CEDEAO, la Guinée est un état démocratique et n'a pas encore pris un autre chemin. Le colonel Doumbouya avait renversé, le 5 septembre 2020, le président Alpha Condé, pour des questions de mal gouvernance, promettant de remettre le pays sur les rails. La Guinée n'étant pas en situation de guerre comme le Mali ou le Burkina Faso, il devrait logiquement, en dehors de quelques réformes à faire, œuvrer à organiser des élections dans un temps relativement court. Au lieu de donner l'impression de vouloir accaparer le palais. En sa défaveur, Doumbouya n'a décliné aucune vision claire dans la conduite du pays, préférant régler son compte à des dignitaires du régime déchu ou à des opposants attendant leur heure. L'ex-chef du groupement des forces spéciales a beau nier une « *chasse aux sorcières* », son discours ne convainc manifestement pas. Sa priorité doit être la restauration d'un ordre constitutionnel normal pour permettre à la Guinée de poursuivre sa marche vers des lendemains meilleurs. Le président Doumbouya n'est apparemment dans cette disposition d'esprit, mais il n'est jamais trop tard pour bien faire, comme on le dit. Il peut encore surprendre agréablement tous ceux qui lui prêtent l'intention de vouloir s'éterniser au pouvoir.

Tchad : un hypothétique dialogue !
(Publié dans Sidwaya, le 24 mai 2022)

Le Dialogue national inclusif au Tchad va-t-il se tenir ? Cette question retient l'attention, tant la machine a du mal à prendre. Initialement prévues le 15 février dernier, ces assises avaient été reportées au 10 mai 2022, date qui n'a pas non plus tenu, à cause d'un certain nombre de difficultés. Les divergences autour du pré-dialogue, ouvert le 13 mars dernier à Doha au Qatar, semblent boucher l'horizon. Il a fallu d'abord surmonter des problèmes de logistique et de coordination, pour tenir le pré-dialogue qui, après coup, piétine. Cette rencontre, censée définir les conditions préalables à la tenue du dialogue national, peine à produire l'effet escompté, à cause des divergences. Dès l'entame des travaux du pré-dialogue, le Front pour l'alternance et la concorde au Tchad (FACT), groupe rebelle accusé d'avoir tué l'ancien président Idriss Déby Itno, avait claqué la porte. En avril dernier, un autre groupe politico-militaire, le Conseil de commandement militaire pour le salut de la République (CCMSR), en fait autant. Ces deux entités soupçonnent la junte militaire de ne pas jouer franc-jeu, en invitant de faux opposants au pré-dialogue, dans l'optique de faire peser les décisions à prendre en sa faveur. Elles reprochent également au CMT de vouloir gagner du temps sur le terrain militaire, le temps des pourparlers de Doha. Alors que le président de la Transition avait fait une concession mémorable avant le début du pré-dialogue, en offrant une amnistie générale pour les prisonniers de guerre et les opposants. On le voit, l'heure n'est pas vraiment au rassemblement à ce pré-dialogue, qui est bloqué depuis la fête du Ramadan. A Doha, la cinquantaine de mouvements politiques et rebelles et les militaires au pouvoir n'arrivent pas à s'accorder sur deux principaux points, la refonte de la charte de transition et celle de l'armée tchadienne. La junte, à en croire certaines indiscrétions, ne veut pas s'engager sur ces questions, ce qui n'est pas du goût de ses vis-à-vis. Dans ces conditions, il sera difficile pour les Tchadiens d'asseoir un dialogue digne de ce nom et de se projeter dans l'avenir. Tout se tient. Si le pré-dialogue n'aboutit pas à des conclusions consensuelles, il faut remiser le dialogue national inclusif au placard. Des préalables requérant l'assentiment des parties prenantes sont nécessaires, avant la tenue de concertations nationales. Rien, en tout cas pas pour le moment, ne nous dit que le pré-dialogue va être un succès, même si on le souhaite vivement. Le Tchad, pays qui n'a connu que des coups d'Etats et des guerres civiles, en a besoin pour rompre avec son passé trouble. Trop de sang a coulé dans ce pays. Trop de vies ont été détruites dans ce pays, qui caracole en bas du tableau du développement à l'échelle planétaire, à cause des crépitements routiniers des armes. Ceux, qui connaissent bien le Tchad peuvent témoigner. Ce pays n'est-il pas classé 187e place sur 189 pays, dans le rapport sur le développement humain 2020 du PNUD ? La situation socioéconomique du Tchad est loin d'être reluisante. Ses fils et filles ont plus que jamais besoin de se réconcilier, pour le bien de leur nation et pour leur propre épanouissement. Les Tchadiens ont réussi à démontrer, à la face du monde, leur maturité, après la mort du président Idriss Deby Itno. Contrairement aux pronostics des oiseaux de mauvais augure, ils ont démontré que le chaos pouvait être évité. Ils doivent également prouver qu'ils sont capables de se parler et de s'entendre autour de l'essentiel pour changer le visage de leur chère patrie.

Kenya : Odinga, l'éternel combattant !
Publié dans Sidwaya, le 7 juin 2022

Une grande effervescence politique s'est emparée du Kenya, la plus grande économie d'Afrique de l'Est, depuis le 29 mai 2022. En effet, la campagne pour la présidentielle du 9 août prochain y bat son plein, avec en lice, l'actuel vice-président, William Ruto, 56 ans, et l'ex-prisonnier politique et Premier ministre, Raila Odinga, 77 ans. Respectivement candidats de l'Alliance démocratique unie (UDA) et du Mouvement démocrate orange (ODM), ces deux gros calibres ont engagé le combat pour la succession d'Uhuru Kenyatta, appelé à céder le fauteuil présidentiel après deux mandats. Opposant historique qui jouit d'une popularité jamais démentie, Odinga se jette à l'eau pour la cinquième fois après ses échecs à la présidentielle de 1997, 2007, 2013 et 2017. Cette fois-ci, cette figure politique kenyane de premier plan pourrait conjurer le mauvais sort qui semble l'habiter. Odinga est donné favori par les sondages, qui entrevoient tout de même un scrutin serré. Fait rare en Afrique, il bénéficie du soutien de son ancien ennemi juré et président sortant, Kenyatta, qui a préféré miser sur lui au détriment de son dauphin tout tracé, Ruto. Ce rapprochement, qui sert plus ou moins la démocratie kenyane, s'inscrit en droite ligne dans l'accord de réconciliation, scellé en 2018 entre les deux hommes, après les violences postélectorales de 2017. A Odinga, cet éternel défenseur de la démocratie et de la bonne gouvernance, de vendre ses idées pour convaincre ses compatriotes de porter leur choix sur lui dans les urnes. Economie, éducation, lutte contre la corruption, le vieux routier de la politique a ses recettes pour porter le Kenya à un niveau de développement plus appréciable. Si tout semble jouer en sa faveur, Odinga, qui est de l'ethnie Luo, devra ramer à contre-courant de l'histoire pour se hisser au sommet de l'Etat. Depuis l'indépendance du Kenya en 1963, les présidents ont toujours été issus de l'ethnie Kikuyu, celle de Kenyatta et de Ruto. Jamais un Luo n'a réussi à prendre les commandes du pays. Mais les observateurs les plus avisés savent que le cours de l'histoire peut changer à tout moment. Non moins charismatique, Williman

Ruto, qui se réclame chantre de la démocratie, avec une volonté manifeste de lutter contre la corruption, croit également à son étoile et à son heure. Même s'il n'a pas le soutien du président sortant, ce qui est un gros souci, il pense pouvoir prouver à la face du monde, ce dont il est capable. Mais la posture de va-en-guerre que Ruto affiche suscite des craintes dans ce pays, coutumier des violences postélectorales. N'a-t-il pas récemment affirmé devant des ambassadeurs de l'Union européenne (UE), que près d'un million de noms avaient été rayés du fichier électoral dans des localités acquises à sa cause ? Cette information a été démentie par la Commission chargée de l'organisation des élections, qui a indiqué, circonstance oblige, que le fichier électoral était en cours de consolidation. Ce qui suppose, à en croire cette instance, que certains noms pouvaient être transférés légalement d'un bureau à un autre. Ruto, qui se dit à bien des égards confiant, entrevoit-il déjà sa défaite et prépare-t-il ses partisans à d'éventuelles manifestations dans les rues ? Nous osons espérer le contraire. De toute évidence, Ruto apparait en contestataire avant l'heure, puisqu'il accuse le camp présidentiel, qui détient l'appareil d'Etat, de tentative de manipulations et de fraude électorale au profit de son adversaire. Encore faut-il attendre la tenue effective de ce scrutin, couplé aux législatives, pour déceler des anomalies et formuler des requêtes dans le strict respect de la loi électorale. L'attitude de Ruto est à abandonner au plus vite, pour ne pas réveiller les vieux démons qui sommeillent en terre kenyane. La relative stabilité qui s'est installée au Kenya, pays devenu un acteur dans les négociations de la paix dans les conflits en Éthiopie, au Soudan du Sud et en République démocratique du Congo (RDC), doit être préservée à tout prix. Les spectacles désolants du passé doivent demeurer des mauvais souvenirs. Il ne faut pas ajouter des noms sur les listes macabres des violences postélectorales intercommunautaires. Celles de 2007-2008 ont coûté la vie à 1 100 personnes et celles de 2017, à des dizaines d'autres. Plus jamais ça au Kenya !

Un autre front
Publié dans Sidwaya, le 29 juin 2022

Dans les pays côtiers où les groupes terroristes ont étendu leurs actions, le Bénin apparait, à bien des égards, comme une cible privilégiée. Moins actifs en Côte d'Ivoire et au Togo, ces derniers mois, les djihadistes multiplient désormais les attaques au pays de Hubert Maga. Plus d'une vingtaine d'actes terroristes y ont été dénombrés, depuis décembre 2021, à en croire le gouvernement béninois. La dernière attaque en date s'est produite, le dimanche 26 juin 2022, contre le commissariat de Dassari, dans le Nord du pays, à la frontière avec le Burkina Faso. Le bilan officiel de cette basse besogne affiche deux policiers tués, un autre grièvement blessé et deux terroristes neutralisés. La liste des victimes du terrorisme s'allonge donc au Bénin, pays qui était à l'abri du phénomène. Une dizaine de soldats sont déjà tombés sous les balles assassines des terroristes dans ce pays. C'est évident, les groupes armés, présents au Niger et au Burkina Faso, ont gagné du terrain en ajoutant le Bénin à leur tableau de chasse. Le déploiement de l'armée béninoise au Nord du pays pour empêcher les incursions des djihadistes peine à produire l'effet escompté. Le diable est entré dans la maison. Le Bénin est désormais en guerre contre le terrorisme, comme l'a récemment soutenu sa vice-présidente, Mariam Chabi Talata. La partie du pays la plus touchée par les attaques terroristes est bien le Nord, en particulier le parc de la Pendjari.

Cette zone forestière d'une superficie de 32 250 km² est devenue sans conteste un sanctuaire pour les groupes armés au Bénin. En juin 2021, un chercheur de l'Institut des relations internationales de Clingendael aux Pays-Bas, Kars de Bruijne, avait indiqué dans un rapport, que pas moins de cinq cellules terroristes sont actives dans le parc de la Pendjari. Aussi l'ancien royaume du Dahomey est-il la cible des narcotrafiquants opérant depuis l'Amérique latine. Les récurrentes attaques au Bénin marquent l'ouverture d'un autre front dans la lutte contre le terrorisme en Afrique de l'Ouest, où le phénomène sévit depuis des années. La Communauté économique des Etats de l'Afrique de l'Ouest (CEDEAO) a incontestablement du pain sur la planche, dans ce contexte d'insécurité sans précédent. Déjà que la situation sécuritaire préoccupante au Mali, au Niger et au Burkina Faso donne du fil à retordre aux dirigeants de l'espace communautaire, celle naissante du Bénin trouble davantage leur sommeil. Il faut à tout prix trouver un remède au cancer, qui est en train de se métastaser dans la sousrégion. Des mesures sont prises à l'intérieur des pays ouest-africains touchés par le terrorisme, mais elles ne paraissent pas adaptées à cette guerre asymétrique. Des partenariats sont également développés entre les Etats en matière de renseignements et d'opérations militaires ponctuelles contre les groupes terroristes, mais il en faut encore plus pour décourager les forces du mal. Une véritable stratégie sous-régionale portée par la CEDEAO s'impose, car jusque-là, on a l'impression d'assister à une solidarité de façade, malgré les discours de bonne foi. Il faut une mutualisation concrète des moyens humains, logistiques et financiers pour réduire sensiblement où à jamais les actions terroristes en Afrique de l'Ouest. La CEDEAO gagnerait à mettre en place une force militaire pour lutter contre le terrorisme, avec des moyens endogènes. L'expérience de la force du G5 Sahel, compromise par des intentions de financements non concrétisées de la communauté internationale, donne à réfléchir. Nous devons compter sur nos propres capacités.

Côte d'Ivoire - Mali : des tensions dans l'air
Publié dans Sidwaya, le 14 juillet 2022

Le Mali et la Côte d'Ivoire sont à couteaux tirés. Si les relations entre les deux pays ne sont pas au beau fixe, depuis l'arrivée au pouvoir de la junte militaire au Mali, elles se sont totalement dégradées avec l'incident du 10 juillet 2022. Ce jour-là, 49 éléments des forces spéciales ivoiriennes, venus pour relever un détachement chargé d'appuyer le contingent allemand de la Mission onusienne de maintien de la paix au Mali (Minusma), ont été arrêtés à l'aéroport international de Bamako. Motif invoqué par les autorités maliennes pour justifier cette arrestation, les soldats concernés sont des mercenaires. Elles disent ignorer tout de leur présence sur leur territoire. Des mercenaires à la solde de qui et à quelle fin ? La réponse à cette question donne lieu à toutes les spéculations, même si au palais de Koulouba, le colonel Assimi Goita et ses hommes y voient une volonté du président Alassane Ouattara de déstabiliser leur régime. En réaction, le gouvernement ivoirien a indiqué avoir préparé l'arrivée du contingent incriminé dans les règles de l'art. En connaissance de cause, Abidjan a demandé la libération « *sans délai* » des soldats ivoiriens « *injustement arrêtés* » en territoire malien. En clair, l'exécutif ivoirien ne se sent coupable de rien. Aussi a-t-il rappelé que sept contingents ivoiriens se sont succédé à l'aéroport de Bamako depuis la signature, en juillet 2019, d'une convention avec les Nations unies, sans qu'il y ait eu des soucis pareils. Mais comment une simple relève de soldats au profit de la Minusma a-t-elle pu tourner à l'incident diplomatique ? Il est difficile de se prononcer, tant nos Etats sont rodés en matière de participation à des missions de maintien de la paix. Ni la Côte d'Ivoire, ni le Mali ne sont novices dans le domaine, à moins de tabler sur d'autres raisons. Pour certains observateurs, le colonel Goita cherche des poux sur des crânes rasés, pour ne pas dire qu'il veut en découdre avec les autorités ivoiriennes, en particulier le président Ouattara. Les deux personnalités, à en croire certaines indiscrétions, ne s'apprécient pas. Cette inimitié a été sans doute renforcée par les sanctions économiques et financières, imposées par la Communauté économique des Etats de l'Afrique de l'Ouest (CEDEAO) au Mali, avec la bénédiction du président Ouattara. Ces sanctions aux lourdes conséquences ont été levées, le 3 juillet dernier, mais le colonel Goita et son entourage semblent garder une dent contre le chef de l'Etat ivoirien. Ce qui pourrait expliquer cet incident. Qui veut tuer son chien, l'accuse de rage, dit-on. Peu importent les raisons, l'Afrique de l'Ouest est si confrontée à d'énormes défis, avec en tête la lutte contre le terrorisme, que ses dirigeants ne devraient pas consacrer leurs énergies à des querelles inutiles. Au-delà de leurs modestes personnes et intérêts égoïstes, ils doivent trouver les voies et moyens pour contrer l'hydre terroriste qui gagne du terrain. En plus du Mali, du Niger et du Burkina où la situation est très préoccupante, les groupes armés ont étendu leurs actions aux pays côtiers. La Côte d'Ivoire en a déjà été victime, tout comme le Togo et le Bénin. L'heure n'est donc pas aux bagarres inutiles ou aux projets de déstabilisation, si cela s'avère, mais à la conjugaison des efforts, pour combattre un ennemi commun qui menace la stabilité de l'Afrique de l'Ouest. On n'a pas besoin de faire un dessin pour signifier cela à nos chers gouvernants. L'heure est grave…

Une opération de reconquête
Publié dans Sidwaya, le 28 juillet 2022

Le président français, Emmanuel Macron, réélu en avril dernier, boucle, ce jeudi 28 juillet 2022, une mini-tournée africaine qui l'a conduit respectivement au Cameroun, au Bénin et en Guinée-Bissau. Ce déplacement a été placé sous le thème *La crise alimentaire provoquée par la guerre en Ukraine, les enjeux de production agricole et les questions sécuritaires.* Au Cameroun, pays qui représente une opportunité d'investissements pour la France, Macron et son homologue, Paul Biya, au pouvoir depuis 40 ans, ont discuté du secteur agricole, sur lequel l'Hexagone voudrait mettre l'accent au Cameroun. Ils ont parlé évidemment de la guerre en Ukraine et de ses conséquences néfastes. Macron a surtout vendu son initiative Food & Agriculture Resilience Mission (FARM), censée prévenir les effets désastreux de cette guerre sur la sécurité alimentaire mondiale. Aussi les deux dirigeants ont-ils abordé les questions sécuritaires au Cameroun, notamment les exactions du groupe terroriste Boko Haram dans le Nord et les velléités séparatistes dans l'Ouest anglophone. A Cotonou, l'hôte de marque français a également tablé sur la sécurité, en plus de la culture. Depuis fin 2021, le Nord du Bénin, notamment la zone du parc de la Pendjari, est sous les feux des djihadistes. Plus d'une vingtaine d'attaques terroristes y ont été perpétrées, avec malheureusement une dizaine de morts dans les rangs de l'armée béninoise. La menace terroriste s'étant étendue aux pays côtiers, la France, militairement engagée en Afrique de l'Ouest, est tout aussi préoccupée que ses partenaires. Talon et Macron ont par ailleurs échangé autour de la culture, secteur dans lequel la France et le Bénin entretiennent un partenariat prometteur. En novembre 2021, Paris a restitué 26 œuvres d'art pillées par les troupes coloniales françaises dans le palais d'Abomey, avec en prime un appui financier pour la construction d'un musée. En Guinée-Bissau, où il séjourne brièvement, ce jeudi 28 juillet, avant son retour au bercail, Macron et son homologue, Umaro Sissoco Embalo, doivent évoquer les questions de gouvernance et de sécurité en Afrique de l'Ouest. Embalo a récemment hérité de la présidence en exercice tournante de la Communauté économique des Etats de l'Afrique de l'Ouest (CEDEAO), un poste stratégique qui vaut le détour à Bissau. Les coups d'Etat au Mali, en Guinée-Conakry et au Burkina Faso vont indéniablement meubler les échanges, tout comme la lutte contre le terrorisme dans la sous-région ouest-africaine, la France étant aux avant-postes. A considérer l'agenda décliné par la Présidence française, une place n'a pratiquement pas été accordée aux questions de démocratie et des droits humains, dans les pays visités, surtout au Cameroun et au Bénin, où il y a pourtant matière à débat. A Yaoundé, Paul Biya, qui est en passe de mourir aux affaires, n'est pas un promoteur de l'alternance démocratique. A Cotonou, les opposants, qui n'ont de cesse de dénoncer les procès politiques et le musellement, accusent Talon d'avoir fait reculer, de plusieurs années, la démocratie béninoise. Ceux qui s'attendaient à ce que Macron, à la tête d'une puissance démocratique, donne des leçons à ces gouvernants africains, doivent être scandalisés que de tels sujets passent sous silence. C'est mal connaitre la

Realpolitik et ses implications. Au-delà des centres d'intérêts, ce voyage du président français revêt un grand enjeu, redorer le blason de la France, en perte d'influence sur le continent. La politique de la France en Afrique est de plus en plus décriée, au point qu'un sentiment anti-français est né. La situation est telle que l'engagement de l'Hexagone dans la lutte contre le terrorisme au Sahel a pris un coup. Plusieurs organisations de la société civile et politiques africaines accusent le pays de Macron de jouer à un double jeu : celui de complice présumé des terroristes et de partenaire privilégié des Etats victimes du phénomène. Cet environnement de suspicion et de méfiance explique, en partie, le divorce avec la junte malienne au pouvoir actuellement, qui ne veut plus sentir la France. Pour Macron, la nécessité de repositionner la France en Afrique s'impose, face au regain d'intérêt pour la Russie de Vladimir Poutine. Le sentiment antifrançais semble profiter à la Russie, qui reprend du poil de la bête en Afrique, en atteste sa forte implication dans les crises sécuritaires en Centrafrique et au Mali, où le groupe Wagner a droit de cité. Le Cameroun a également un penchant pour la Russie, en témoigne la signature d'un accord de coopération militaire, courant avril dernier. D'autres pays pourraient aussi aller dans ce sens, malgré tout ce qui se dit. La Russie est considérée comme le plus gros fournisseur d'armes à l'Afrique, depuis 2020, devant les Etats-Unis, la Chine et la France. Le Mali, l'Algérie et l'Egypte ont déjà acquis des armes auprès de la Russie, qui fournit aussi des mercenaires. En prenant son bâton de pèlerin, Macron, qui n'ignore pas l'environnement peu favorable dans lequel son pays évolue, espère inverser la tendance. Réussira-t-il à soigner l'image de la France dans un contexte où la jeunesse africaine souhaite des relations totalement décomplexées avec les puissances occidentales ?

Sénégal : Amadou Ba à l'épreuve
Publié dans Sidwaya, le 21 septembre 2022

Depuis le 17 septembre 2022, le Sénégal a un nouveau Premier ministre, Amadou Ba, la soixantaine sonnée. La nomination de cet inspecteur des Impôts et des Domaines marque le rétablissement du poste de chef du gouvernement, supprimé en mai 2019 et réinstauré en décembre 2021, par le président Macky Sall. Cette suppression, qui était censée fluidifier le fonctionnement de l'État sénégalais, n'a pas tenu longtemps, à cause des impératifs de gouvernance. Le chef de l'Etat n'avait pas d'autre choix que de se décharger, lui qui assure la présidence en exercice tournante de l'Union africaine (UA), depuis début 2022. Investi des pleins pouvoirs, l'ancien ministre des Finances et des Affaires étrangères devra diriger un gouvernement remanié de 38 membres, dont 8 femmes. Et sa tâche ne s'annonce pas aisée, à l'heure où le pays de la Teranga est confronté à plusieurs défis. Le Sénégal est un pays très divisé politiquement, à cause des tensions permanentes alimentées par la supposée ou déguisée volonté de Macky Sall de briguer un 3e mandat en 2024. Celui-ci s'est engagé à respecter la Constitution de son pays, au terme de son second mandat. Mais que valent les paroles des hommes politiques, qui tournent casaque au gré de leurs intérêts ? Par ces temps qui courent, l'opposition, qui a réussi une percée historique aux récentes législatives et la majorité présidentielle se regardent en chien de faïence. C'est à croire que les deux camps s'en veulent à l'usure. L'élection du président de l'Assemblée nationale, Amadou Mame Diop, le 12 septembre dernier, a donné à voir des scènes chaotiques qui n'honorent pas la démocratie sénégalaise. Ce scrutin, boycotté par l'opposition, a été marqué par des injures et des bagarres, une situation qui a amené les gendarmes à intervenir dans l'Hémicycle. Le nouveau Premier ministre Ba marche donc sur des braises. Le climat politique, dans lequel il arrive aux affaires, est très tendu et propice aux étincelles. Le chef du gouvernement devra user de tact et de diplomatie pour calmer les esprits. Il doit œuvrer à ce que l'atmosphère politique ne se détériore pas dangereusement, dans un pays qui a pourtant des leçons de démocratie à donner sur le continent. Cacique du pouvoir, Amadou Ba, qui a connu une traversée du désert à un moment donnée de sa carrière, devra aussi s'activer sur le plan social. La « *vie chère* » malmène au quotidien les Sénégalais, au point qu'ils ne savent plus à quel saint se vouer. Les prix des produits de première nécessité grimpent. Les coûts des loyers explosent. Le quatrième Premier ministre de Macky Sall devra travailler à soulager les souffrances de ses compatriotes par de nouvelles mesures, en menant au préalable de larges concertations. D'autres défis, telle la lutte contre les inondations, figurent dans son agenda. Certes, le Sénégal est géographiquement exposé aux risques et catastrophes, mais des problèmes d'aménagement et d'urbanisme ont perpétué ce phénomène, accentué du reste par le dérèglement climatique. Ces quinze dernières années, le pays de Léopold Sédar Senghor a connu plusieurs inondations, avec leur lot de morts et d'importants dégâts matériels. Même la banlieue dakaroise n'échappe pas à la furie des eaux des pluies diluviennes. Les inondations constituent un véritable casse-tête pour l'Etat sénégalais, qui est confronté à un cycle infernal. Comment vaincre le signe indien ? Amadou Ba devra s'atteler à trouver une thérapie de choc à ce fléau. Nombreux sont les défis qui l'attendent. Il n'aura pas des nuits paisibles. Beaucoup d'espoirs reposent sur ses épaules…

Eternelles brouilles
Publié dans Sidwaya, le 20 octobre 2022

Les relations entre le Mali et l'ancienne puissance coloniale, la France, a atteint un niveau de dégradation jamais égalé. Depuis l'arrivée au pouvoir du colonel Assimi Goita, à la suite d'un coup d'Etat, les passes d'armes entre les deux pays se multiplient, au point de s'inscrire désormais dans la routine. Bamako n'a de cesse d'accuser Paris de fournir des armes et des renseignements aux groupes armés islamistes qui attaquent le pays depuis une décennie. La dernière passe d'armes a eu lieu, le mardi 18 octobre 2022, lors d'une réunion du Conseil de sécurité des Nations unies. Le ministre malien des Affaires étrangères, Abdoulaye Diop, qui a pris part à cette rencontre, a dénoncé « *des tentatives de déstabilisation et des violations répétées de l'espace aérien du Mali par les forces françaises* ». Il a qualifié ces violations d' « *actes d'agression d'une extrême gravité* ». Le chef de la diplomatie malienne a, pour ce faire, souhaité la tenue d'une réunion spécifique du Conseil de sécurité de l'ONU pour leur « *permettre de présenter les preuves des actes d'espionnage et de déstabilisation menés par la France* ». Aussi ironique que cela puisse paraitre, il a souhaité que la France porte cette demande de réunion spéciale. Le ministre Diop a par ailleurs affirmé, que « *le gouvernement malien se réserve le droit de se défendre si la France continue de porter atteinte à la souveraineté, l'intégrité territoriale et la sécurité nationale de notre pays* ». Comme depuis toujours, l'Hexagone a encore rejeté ces « *accusations mensongères* ».

Le représentant permanent de la France auprès des Nations unies, Nicolas de Rivière, a apporté immédiatement la réplique à M. Diop. « *La France n'a jamais violé l'espace aérien malien* [...] *Je conteste formellement toute violation du cadre juridique bilatéral* », a réagi l'ambassadeur français. Les deux personnalités se sont affrontées ouvertement, laissant transparaitre une certaine animosité. Cette scène, tout comme d'autres qui l'ont précédée, confirme la rupture entre Paris et Bamako, qui s'est tourné vers la Russie pour lutter contre le terrorisme. Aucun signe n'indique que ce conflit ouvert, ravivé au gré des événements, prendra fin de sitôt. La confiance, qui caractérisait les relations franco-maliennes, s'est littéralement brisée, à l'aune de la coopération dans la lutte contre le terrorisme. Alors que les deux pays entretenaient, jusqu'à une période récente, de très bonnes relations. De nombreux Maliens (ils sont estimés entre 80 000 et 100 000 selon des chiffres officiels) vivent d'ailleurs en terre française. Si les autorités maliennes ne nient pas l'aide de la France qui a permis de stopper l'avancée des djihadistes vers Bamako en 2013, elles l'accusent à présent de faire le jeu de l'ennemi. La France a beau signifier avoir perdu, en 9 ans, 53 soldats et neutralisé des centaines de terroristes dans la lutte contre le terrorisme au Mali, Bamako n'en a cure. Même le départ des soldats de la force *Barkhane*, exigé et obtenu par les dirigeants maliens, n'a pas suffi à faire retomber la tension avec Paris. Dans ce contexte, on piaffe d'impatience de voir les « *preuves palpables* » des supposées connivences de la France avec les terroristes, promises par les autorités maliennes. Le ministre Diop aurait pu exposer ces preuves à la rencontre du Conseil de sécurité de l'ONU, comme il en avait la possibilité, au lieu de solliciter une réunion spécifique pour le faire. C'était l'occasion toute trouvée. Il n'y a pas lieu de faire durer le suspense. L'idéal, c'est de dénoncer les agissements supposés de la France, preuves à l'appui, pour éclairer le monde entier. Le trop plein de discours peut faire croire à une campagne de dénigrement, plutôt qu'à une volonté de crever véritablement l'abcès. Les preuves évoquées par M. Diop sont très attendues, dans un contexte où la politique française en Afrique est décriée, plus particulièrement dans la sous-région ouest-africaine. Dans cette partie du continent où plusieurs pays sont touchés par le terrorisme, une certaine opinion soupçonne la France d'être le « *parrain*» des groupes armés. Cette lecture a engendré un sentiment d'hostilité envers ce pays, qui peine malheureusement à redorer son blason. Les preuves maliennes pourraient définitivement situer les esprits sur le rôle d'agent double attribué à Paris dans le combat contre les extrémistes au Sahel. Il ne reste plus qu'à les divulguer et vite...

Une coopération à polémique
Publié dans Sidwaya, le 10 novembre 2022

En visite à Toulon, à la frontière avec l'Italie, le président français, Emmanuel Macron, a annoncé officiellement, hier mercredi 9 novembre 2022, la fin de l'opération antidjihadiste *Barkhane* au Sahel. Lancée en 2014, cette initiative avait permis de neutraliser plusieurs chefs et des centaines d'éléments de groupes armés dans la région, sans pour autant contribuer à réduire sensiblement la menace terroriste. Plus ou moins attendue, la décision de mettre un terme à *Barkhane* intervient moins de trois mois après le départ définitif des soldats français du Mali. L'Hexagone a progressivement mis fin à ses opérations dans le pays, suite à des brouilles avec la junte militaire au pouvoir, dirigée par le colonel Assimi Goïta. On se rappelle que la dernière base militaire française dans ce pays, la plus grande située à Gao, avait été évacuée et remise aux autorités maliennes, le 15 août dernier. Ce départ bouclait la boucle après le retrait des détachements militaires français de Kidal,

Tessalit, Tombouctou, Gossi, Ménaka et autres. Actée, la fin de *Barkhane* ne signifie pas celle de la présence militaire française au Sahel. Loin s'en faut. Le pays de Macron continue de combattre les groupes djihadistes, qui ont étendu leurs actions nuisibles aux pays côtiers. Même s'il a été revu à la baisse, passant de 5 500 à 3 000 soldats, le dispositif militaire français reste en place au Sahel. Des soldats sont encore déployés au Niger, au Tchad et au Burkina Faso. D'ailleurs, en sonnant le glas de *Barkhane*, Paris entend réorienter son action en termes d'appui en équipements, de formation, de renseignement et de partenariat opérationnel à la demande des pays africains qui le souhaitent. Si la présence dans la sous-région de la France, partenaire privilégié en matière de lutte contre le terrorisme, se justifie, elle est de moins en moins appréciée par une jeunesse hostile à sa politique en Afrique. Soupçonné par une certaine opinion remontée à bloc de jouer un double jeu, en coopérant à la fois avec les armées régulières et les groupes armés, l'Hexagone est considéré comme la source des malheurs de ses anciennes colonies. Il est accusé, à tort ou à raison, de faire ou de défaire les régimes en place sur le continent, de soutenir des rébellions, d'exploiter financièrement les pays africains et on en oublie. Ces supposés faits nourrissent une haine envers l'ancienne puissance coloniale, au point qu'elle passe pour un ennemi juré. Cette antipathie pousse une frange importante de jeunes africains à exiger une rupture de coopération sans conditions avec la France. Ces jeunes, rêvant de relations décomplexées et désintéressées avec la France, souhaitent un partenariat avec la Russie au détriment de cette France dans la lutte contre le terrorisme au Burkina Faso. Au Burkina Faso, ils sont nombreux à demander à ce que la nouvelle Transition, conduite par le capitaine Ibrahim Traoré, se tourne sans délai vers le pays de Vladimir Poutine. Encore faut-il que nos dirigeants appréhendent cette proposition avec beaucoup de lucidité et dans le strict intérêt du peuple burkinabè. Au-delà des préjugés et autres accusations, la France doit de toute évidence revoir sa coopération militaire avec les pays africains. Au regard de l'évolution des réalités, les accords en la matière, qui tournent globalement autour de l'instruction des troupes, de l'encadrement des écoles de formation, de la fourniture en matériels et équipements, de l'assistance conseil, et du soutien logistique en cas de crise, doivent être revus. Certaines dispositions méritent d'être gardées à tout point de vue, tout comme d'autres doivent être abandonnées ou révisées, dans l'intérêt des deux parties. Qu'il en soit ainsi…

Les Obiang et les frasques
Publié dans Sidwaya, le 19 janvier 2023

C'est un scandale, dont se serait bien passé la famille présidentielle en Guinée-équatoriale, surtout que sa réputation est déjà ternie par des pratiques aux antipodes de la bonne gouvernance et de la démocratie. L'un des fils du président équato-guinéen, Ruslan Obiang Nsue, a été arrêté, le 16 janvier 2023 et placé en résidence surveillée, sur ordre de son demi-frère, Theodoro Nguema Obiang Mangue. « *Théodorin* », comme on le surnomme, est monté sur ses grands chevaux. « *Ruslan Obiang a avoué être la personne qui a vendu l'ATR de Ceiba. Je ne vais pas me laisser emporter par le familialisme ou le favoritisme, c'est pourquoi, j'ai ordonné son arrestation immédiate et sa mise à disposition de la justice* », a-t-il déclaré. Comme il l'a lui-même reconnu, Ruslan Obiang a vendu l'avion de type ATR 72-500 appartenant à la compagnie nationale, Ceiba intercontinental, à l'entreprise spécialisée dans la maintenance aéronautique, BinterTechnic. L'appareil, en révision de routine en Espagne, avait mystérieusement disparu, en novembre 2022. Au grand dam des autorités équato-guinéennes, qui ont fini par découvrir le pot-aux-roses, suite à une enquête. De prime abord, Ruslan Obiang semble avoir abusé de sa position administrative, pour commettre ce forfait. Actuel directeur de Ceiba Transport, il connait la compagnie nationale sur le bout des doigts, pour avoir été tour à son directeur adjoint et directeur général. En attendant que la justice équato-guinéenne statue sur le cas de Ruslan, cette affaire de vente d'avion en rajoute une couche aux nombreuses frasques de la famille présidentielle. La vertu ne semble pas être la chose la mieux partagée chez les Obiang. Il y a un péché originel. Avant d'être passé par les armes le 29 septembre 1979 suite au un coup d'Etat perpétré contre lui par l'actuel chef de l'Etat, Teodoro Obiang Nguema Mbasogo, son neveu, le premier président équato-guinéen, Francisco Macías

Nguema, fuyait avec une valise pleine d'argent. Celui-ci s'était défendu en ces termes à l'époque: « *Cet argent est à moi, je suis le roi de mon peuple. Tout m'appartient !* » Cette phrase à elle seule révélait la cupidité de Francisco Macías Nguema, un dictateur réputé qui n'hésitait à pas à faire arrêter et exécuter ses opposants et à raser des villages entiers. Son tombeur de neveu, Teodoro Obiang Nguema Mbasogo, a suivi ses traces, puisqu'il gère d'une main de fer la Guinée-équatoriale, depuis 43 ans. Il a une mainmise totale sur l'économie, la politique et l'appareil sécuritaire de son pays. Surnommé par certains médias, l'émir de Malabo, l'actuel président équato-guinéen a placé sa famille au-dessus de tout, avec tout ce que cela comporte comme dérives. Teodoro Obiang Nguema Mbasogo a instauré une culture de l'impunité pour ses proches. Cet environnement a inspiré ses enfants, de sorte que la vente de l'avion de la compagnie nationale par Ruslan n'est pas étonnante, même si son arrestation est inédite. Le vice-président Téodorin, qui a promis d'être intraitable avec son demi-frère, n'est pas non plus un exemple. Ses écarts de conduite sont légion et vont au-delà des frontières équato-guinéennes. Le goût du luxe de Teodorin n'a pas d'égal. Il n'hésite pas à étaler au grand jour sa fortune, bâtie avec l'argent public. On se rappelle que le 14 septembre 2018, le viceprésident équato-guinéen, pressenti pour remplacer son octogénaire de père, avait eu maille à partir avec le service des Douanes de l'aéroport de São Paulo au Brésil, qui avait confisqué ses valises Louis Vuitton pleines de billets de banque et ses mallettes remplies de montres de luxe. Qui plus est, Teodorin a été définitivement condamné (il avait fait appel), en juillet 2021, à 3 ans de prison avec sursis et à 30 millions d'euros d'amende, dans le cadre de l'affaire des « *biens mal acquis* ». Il avait été accusé d'avoir blanchi des sommes d'argent à hauteur de 150 millions d'euros en France, essentiellement à travers l'acquisition d'un hôtel particulier de près de 3 000 mètres carrés, sur l'Avenue Foch, dans l'un des quartiers les plus huppés de Paris. C'est dire qu'en Guinée-équatoriale, le distinguo entre bien public et bien privé n'est pas fait au sommet de l'Etat. Cette confusion est entretenue à dessein. Jouer avec les deniers publics est un sport favori au sein de la famille présidentielle, à telle enseigne que le dossier Ruslan ne peut pas faire trembler la planète.

L'encombrant Bozizé
Publié dans le quotidien Sidwaya, le 28 février 2023

S'il y a un exil qui pose problème en ce moment, c'est bien celui de l'ancien Président centrafricain, le septuagénaire, François Bozizé, au Tchad. L'actuel chef de l'Etat centrafricain, Faustin-Archange Touadera, aux affaires depuis 2016, ne voit pas d'un bon œil la présence de son prédécesseur chez ses voisins, surtout qu'il n'a pas encore perdu le goût du pouvoir. Les inquiétudes de Bangui sont d'autant plus fondées, que Bozizé coordonne discrètement la Coalition des patriotes pour le changement (CPC) depuis son exil au Tchad, où il serait sous bonne garde. La CPC est un mouvement armé centrafricain né le 17 décembre 2020 de la fusion de 6 groupes armés, soit quatre 4 issus de la Séléka et 2 des Anti-balaka. Chassé du pouvoir par les rebelles de la Séléka de son tombeur, Michel Djotodia, en 2013, Bozizé a vécu en exil en Ouganda et au Soudan, avant de revenir clandestinement dans le pays en 2019, dans la perspective de la présidentielle de décembre 2020. Il n'a jamais fait mystère de son intention de reprendre les commandes de la Centrafrique. Malheureusement pour lui, sa candidature a été invalidée par la Cour constitutionnelle. Il n'en fallait pas plus pour provoquer le courroux de Bozizé qui avait réussi à prendre le pouvoir en 2003 après un putsch contre Ange Félix Patassé, à recourir à nouveau à cette méthode pour faire tomber le Président Touadéra. Sous sa houlette, la CPC est constituée à dessein pour atteindre cet objectif, mais c'est sans compter avec la détermination de l'armée centrafricaine et de ses alliés russes et rwandais qui ont compromis les ambitions de Bozizé. Habitué aux échecs (il n'avait pas réussi à prendre le pouvoir par la force en 1982 sous le général André Kolingba et aussi lors de sa première tentative contre Patassé en 2001), l'ex-président centrafricain a fui à nouveau son pays pour le Tchad. Chassez le naturel, il revient au galop, dit-on. Bozizé continue de manœuvrer depuis sa terre d'accueil, ce qui est déplorable, vu les attaques menées par la CPC dans l'Ouest et le Nord-Est du pays contre l'armée centrafricaine et les mercenaires du groupe Wagner. Les Etats-Unis, qui souhaitent réduire l'influence du groupe Wagner en Centrafrique, ont saisi l'occasion pour proposer une médiation en vue d'éloigner Bozizé de son pays. Deux nouvelles destinations ont été proposées à l'ancien homme fort de la Centrafrique : le Congo-Brazzaville et la Guinée-Bissau. Le dernier pays cité semble s'imposer, puisque le journal Jeune Afrique révèle que le président Umaro Sissoco Embaló a donné son accord de principe pour accueillir Bozizé. Le danger nommé Bozizé sera-til totalement écarté pour autant ? Il faut être naïf pour le croire. L'hôte à problèmes du Tchad est un putschiste avéré, qu'il ne saurait renoncer aussi facilement à reconquérir le pouvoir d'Etat par les armes. Mais Bozizé doit faire preuve de lucidité pour ne pas plonger davantage son pays, confronté à une grave crise sécuritaire avec des groupes armés à la pelle. Il a assez fait souffrir sa chère patrie et devrait arrêter de le faire. D'ailleurs, le coordonnateur de la CPC doit des comptes à la justice. Depuis 2013, il est poursuivi pour « *crimes contre l'humanité* » et « *incitation au génocide* » dans le cadre des massacres des Anti-balaka, avec sur le dos, un mandat d'arrêt international qui peine à être exécuté, sans doute à cause de ses soutiens et de son interminable exil. Une cour pénale spéciale a même été créée en juin 2015 à l'effet de le juger, mais elle peine à se déployer. Bozizé court toujours, mais jusqu'à quand ?

Que justice soit faite !
Publié dans Sidwaya, le 7 mars 2023

L'assassinat du journaliste camerounais Martinez Zogo ne restera pas impuni. Ses bourreaux, qui pensaient s'en tirer à bon compte, doivent être dans tous leurs états. A voir l'évolution de l'instruction du dossier, les proches du directeur d'Amplitude Fm, qui réclament à cor et à cri justice, devront trouver satisfaction, même si ce n'est pas forcément à 100 %. La justice a mis les bouchées doubles, pour produire des résultats salutaires, moins de deux mois après la découverte du corps mutilé de Martinez Zogo. Alors que d'aucuns croyaient que le dossier allait être enterré, le juge d'instruction du tribunal militaire de Yaoundé a inculpé plusieurs personnes, le samedi 4 mars 2023. Le patron et le responsable des opérations de la Direction générale de la recherche extérieure (DGRE), respectivement Léopold Eko et Justin Danwe, ont été inculpés pour « *filature, enlèvement, torture et assassinat* ». De même que 10 autres éléments du contre-espionnage, placés sous leurs ordres, pour les mêmes raisons. *Last but not least*, le sulfureux et richissime homme d'affaires et chef coutumier, Jean-Pierre Amougou Belinga, a été aussi accusé de « *complicité de torture par aide* ». Aussi a-t-il été placé sous mandat de dépôt à la prison principale de Kondengui à Yaoundé. D'autres personnalités, à l'image du ministre de la Justice, Laurent Esso, très proche du chef de l'Etat, Paul Biya et d'Amougou Belinga, seraient impliquées dans le meurtre du journaliste, mais rien n'est encore clair. La justice poursuit les investigations, dans l'espoir de mettre la main sur tous les assassins du journaliste et leurs complices. Il faut saluer cette dynamique, qui a permis la mise en cause d'Amougou Belinga, dont on disait être intouchable à cause de ses relations au plus sommet de l'Etat camerounais et dans les hautes sphères en Afrique. Avec son arrestation et son inculpation dans un pays où il existe des « *enfants chouchou de la république* » et des « *minables* », les ennuis judiciaires d'Amougou Belinga paraissent inédits. Mais l'opérateur économique, dont l'arrogance a dépassé les frontières du Cameroun, ne peut en vouloir qu'à lui-même. A force de croire que tout lui était permis, même ôter la vie à un semblable, il a fini par rejoindre le cercle des prisonniers. Cette affaire semble être le début d'une descente aux enfers pour Amougou Belinga. Les premiers éléments de l'enquête faisaient état de ce que le magnat de la presse camerounaise, propriétaire du journal *L'Anecdote*, de la télévision *Vision 4* et de *Télésud*, aurait personnellement torturé Martinez Zogo au sous-sol d'un de ses immeubles. Il ne s'agit pas de l'aimer ou de le détester, les faits ne concourent pas en la faveur d'Amougou Belinga. Aussi étrange que cela puisse paraitre, il faisait partie des personnalités auxquelles s'attaquaient régulièrement Martinez Zogo, dans son émission à succès *Embouteillage*. Dans sa dernière chronique, peu avant sa disparition suivie de son assassinat, le journaliste s'était montré très critique envers Amougou Belinga, dénonçant son implication dans le pillage des caisses de l'Etat camerounais. Pur hasard ? On ne saurait le dire, mais tout porte à croire que ce crime profite à l'homme d'affaires, même s'il n'est manifestement pas le seul. La tenue d'un procès, attendu impatiemment par l'entourage de l'illustre disparu, pourrait apporter plus de lumière sur cette affaire. En attendant, il faut se réjouir de l'engagement personnellement du président Biya, qui a permis à bien des égards d'avancer dans ce dossier. Encore faut-il que le chef de l'Etat camerounais ait le courage de livrer des proches, si leur implication est avérée. Martinez Zogo, qui faisait œuvre utile, ne mérite pas le triste sort qui lui a été réservé. Que justice soit faite !

Une sale aventure
Publié dans Sidwaya, le 9 mars 2023

Le président tunisien, Kaïs Saïed, a incontestablement embarqué son pays dans une sale aventure. En attribuant aux migrants d'Afrique subsaharienne en transit pour l'Europe, tous les malheurs de la Tunisie, il a franchi le Rubicon. Aussi scandaleux que cela puisse paraitre, il a osé affirmer, entre autres, que la venue des migrants subsahariens en terre tunisienne relevait d'une « *entreprise criminelle ourdie à l'orée de ce siècle pour changer la composition démographique de la Tunisie* ». Déjà contesté par ses compatriotes à cause de ses méthodes autoritaires et de sa passion maladive pour le pouvoir, au point de passer pour un dictateur, Kaïs Saïed s'est attiré les foudres d'une bonne partie de l'Afrique. La réalité allait être tout autre si ses propos incendiaires n'avaient pas entrainé une chasse aux migrants africains présents sur le sol tunisien. Le chef de l'Etat tunisien avait voulu revenir sur ses propos, mais les extrémistes, qui n'attendent que de telles occasions, avaient commencé à prendre les migrants subsahariens pour cibles. D'ailleurs, les exactions sont telles, que certains pays, à l'image de la Guinée-Conakry et de la Côte d'Ivoire, ont lancé des opérations de rapatriement de leurs ressortissants. Au-delà de la vague d'indignation suscitée par l'attitude de Kaïs Saïed, de nombreux Africains n'ont de cesse de voir en lui l'incarnation du diable. Cette comparaison est forte, voire déplorable, mais on ne badine pas avec l'hospitalité et la solidarité en Afrique, à la différence de l'Occident, qui se veut beaucoup plus individualiste. Le pays de Kaïs Saïed, du fait de sa dérive langagière, est accusé de tous les péchés d'Israël en ce moment, encore que tous les Tunisiens ne pensent pas et ne font pas dans la provocation comme lui. Ces jours-ci, des internautes en Afrique subsaharienne appellent au boycott des produits de marque tunisienne (huile, pâtes, beurre, produits hygiéniques, couscous…). Cette mise à l'index illustre le regard porté actuellement sur la Tunisie à l'échelle continentale, un pays africain devenu infréquentable par les Africains. A la vérité, le pays de Kaïs Saïed a plus à perdre qu'à gagner dans cette crise, dont on se serait bien passé. La destination Tunisie ne semble plus prisée : des commandes et des marchés ont été annulés, des hommes d'affaires subsahariens ont renoncé à s'y rendre, des salons et des forums ont été annulés, etc. Devenir la risée de tout un continent ne peut que conduire à tel vécu. Kaïs Saïed n'honore pas l'Afrique avec ce spectacle aux antipodes des valeurs et de l'intégration africaine. Il devrait trouver la formule pour s'excuser auprès des Etats subsahariens, car dans ce monde ouvert, la Tunisie ne saurait vivre en autarcie. Ce n'est pas imaginable. Même quand on lutte contre l'immigration, pour satisfaire en partie les désirs des Européens qui veulent empêcher les migrants africains de transiter par les côtes tunisiennes pour atteindre leur continent, il faut avoir un minimum de respect pour l'humanité. L'être humain, peu importent les crimes et les délits dont il peut se rendre coupable, a besoin d'être traité avec dignité. Kaïs Saïed a fait fausse route, mais il n'est pas encore tard pour lui de faire amende honorable. La Tunisie ne mérite pas la situation dans laquelle elle est plongée par ces temps qui courent.

Un mandat d'arrêt historique
Publié dans Sidwaya, le 21 mars 2023

C'est une décision surprenante et historique. La Cour pénale internationale (CPI) a émis, le vendredi 17 mars 2023, un mandat d'arrêt contre le président russe, Vladimir Poutine. Le maitre du Kremlin est accusé de « *crimes de guerre* » et de « *déportation illégale* » de 16 000 enfants ukrainiens vers la Russie. Ces faits, en lien avec l'invasion à grande échelle de la Russie en Ukraine, ont été établis par les juges de la première juridiction pénale internationale permanente. Jamais un dirigeant d'un État membre permanent du Conseil de sécurité des Nations unies n'a fait l'objet d'un mandat d'arrêt. Poutine ouvre donc une nouvelle page de l'histoire de la CPI. Au motif que l'Ukraine veut basculer dans l'Organisation du traité de l'Atlantique Nord (OTAN), qui étendrait dangereusement son influence aux frontières de la Russie, Poutine a décidé de prendre de force le contrôle de ce pays. Ainsi, l'ancien chef des services secrets russes a déployé, le 24 février 2022, 200 000 soldats en Ukraine, avec pour objectif d'envahir la capitale, Kiev, et de renverser le régime de Volodymyr Zelensky, en trois jours. Le plan de Poutine a échoué face à la résistance de l'armée ukrainienne, soutenue depuis un bon moment par les occidentaux. Ce qui a conduit à l'enlisement du conflit. Des sources occidentales évoquent 150 000 morts dans chaque camp, quand l'Agence des Nations unies pour les réfugiés (HCR) dénombre plus de 8 millions de réfugiés ukrainiens à travers l'Europe. Les conséquences de la guerre en Ukraine sont très désastreuses, à telle enseigne que le mandat d'arrêt contre Poutine a été accueilli avec sa joie par l'Ukraine et les Etats-Unis, deux pays qui ne sont pas membres de la CPI. Vent debout contre l'impunité, les organisations de défense des droits humains, comme *Human Right Watch*, ont également salué la décision de la CPI. L'atmosphère est tout autre à Moscou, où les allégations contre Poutine sont balayées d'un revers de main par les autorités russes, qui ne reconnaissent pas la CPI. Au-delà de la réaction officielle, l'entourage de Poutine se moque du mandat d'arrêt et en rit d'ailleurs. La même posture est adoptée par les admirateurs de Poutine, qui voient en lui, un adversaire de taille face au diktat des occidentaux. L'ex-président russe, Dimitri Medvedev, a fait dans la raillerie en comparant le mandat d'arrêt de la CPI à du papier toilette, dans un Tweet. Qu'on s'en réjouisse ou qu'on en rigole, le mandat contre Poutine, qui fait suite à des sanctions économiques, culturelles et sportives contre son pays, porte atteinte à sa réputation. Malgré les honneurs dus à son rang, ce mandat fait de Poutine un délinquant recherché. Ses déplacements à l'international, surtout dans la centaine de pays membres de la CPI, vont être difficiles, voire désormais limités. Mais pour ce qui est de l'arrestation du patron du Kremlin, on ne pariera pas un sou là-dessus. L'applicabilité des mandats d'arrêt contre des chefs d'Etat en exercice n'est pas une évidence. On le sait, la CPI ne dispose pas de son propre mécanisme d'exécution, elle compte sur les Etats pour mettre le grappin sur l'accusé. En la matière, rien n'est gagné d'avance, puisque les intérêts des pays passent au-dessus de toute considération, fût-elle judiciaire. Ce qui est évident par contre, ce mandat va compliquer davantage le dialogue entre Poutine et les occidentaux, pour ne pas dire qu'il va allonger davantage la distance entre eux. Même si la guerre en Ukraine venait à finir, ce mandat devra rester en cours, les faits reprochés à Poutine ne devant pas s'effacer du jour au lendemain. En s'attaquant frontalement au président russe, la CPI est dans son rôle de contribuer à la lutte contre l'impunité sur le plan mondial, mais encore faut-il qu'elle travaille à susciter moins de polémique. Certains observateurs se demandent pourquoi des « *va-en-guerre* » comme les présidents américain, George Bush père et français, Nicolas Sarkozy, respectivement à l'initiative de l'invasion de l'Irak en 2003 et de l'intervention en Libye en 2011, ne sont toujours pas inquiétés. Alors que ces conflits ont également fait des victimes. Est-ce une politique de deux poids deux mesures ?

Un regain d'intérêt américain
Publié dans Sidwaya, le 28 mars 2023

A l'heure où le renouvellement des grands équilibres géopolitiques s'observe, le continent africain retient vivement l'attention des grandes puissances. Aux côtés de la France qui reste un acteur-clé en Afrique malgré les critiques acerbes contre sa politique, d'autres pays développés, tels la Chine et la Russie, travaillent à mieux se positionner dans le berceau de l'humanité. Les Etats-Unis, qui ne sont pas en reste dans cette dynamique, veulent travailler à réduire l'influence grandissante de ses rivaux russes et chinois. La tournée, que la vice-présidente américaine, Kamala Harris, effectue du 27 mars au 2 avril 2023, au Ghana, en Tanzanie et en Zambie, s'inscrit dans le cadre de cette offensive diplomatique. L'hôte de marque du continent devra globalement aborder des questions politiques, économiques et environnementales. « *Je suis très enthousiaste quant à l'avenir de l'Afrique. Je suis très enthousiaste quant à l'impact de l'avenir de l'Afrique sur le reste du monde, y compris les États-Unis* », a-t-elle commenté à son arrivée au Ghana. Le déplacement de Kamala Harris fait suite au sommet EtatsUnis-Afrique, tenu du 13 au 15 décembre 2022, qui avait réuni les responsables de 49 pays et l'Union africaine. Plusieurs sujets, dont la lutte contre le terrorisme, la sécurité alimentaire, le changement climatique et l'AGOA, accord visant à faciliter les exportations africaines vers les Etats-Unis, avaient été abordés par les deux parties. L'Administration Joe Biden veut se repositionner en Afrique, après le désintérêt manifeste de son prédécesseur, Donald Trump, dont les discours aussi controversés que décousus sur le continent résonnent encore dans les oreilles. Cette démarche a été actée par la présentation de la stratégie américaine envers l'Afrique subsaharienne, le 8 août 2022. Cette politique, qui réaffirme l'importance du continent pour les Etats-Unis et dans les questions planétaires, comprend quatre principaux objectifs. Il s'agit de favoriser l'ouverture et des sociétés ouvertes, à travers entre autres la promotion de la transparence et de la responsabilisation des gouvernants et une focalisation accrue sur l'état de droit ; de produire des dividendes démocratiques et de sécurité (la promotion de la stabilité démocratique et le soutien à la société civile doivent y concourir) ; favoriser les opportunités économiques et contribuer à la protection de l'environnement et à l'adaptation au climat. L'ambition est de développer un vaste partenariat avec l'Afrique et Joe Biden entend y mettre de toute son énergie et de son entregent pour faire bouger les lignes. Les Américains œuvrent à asseoir des relations plus ambitieuses avec les Africains, sans pourtant renoncer à leur attitude hégémonique. Chassez le naturel, il revient au galop, dit-on. Dans leur approche relationnelle avec l'Afrique, les Etats-Unis n'arrivent pas à se départir de leur posture de gendarme du monde. Même si le discours se veut moins offensant sur la présence de la Chine en Afrique, il est tout autre concernant la Russie. Le pays de l'Oncle Sam est à l'initiative d'un « *projet de loi sur la lutte contre les activités malveillantes de la Russie en Afrique* » ou « *Countering Malign Russian Activities in Africa Act* », inspiré par la guerre russo-ukrainienne. L'intention clairement affichée par Washington est de vérifier que les activités russes en Afrique ne compromettent pas les objectifs et les intérêts des Etats-Unis. Les gouvernements africains jugés trop proches du Kremlin pourraient écoper de sanctions commerciales. Le texte a été déjà adopté par la Chambre des représentants, avec 415 voix pour et 9 contre en avril 2022. Il devait par la suite atterrir au Sénat américain, mais depuis lors on n'en a plus entendu parler. La polémique, soulevée par ce projet de loi sur le continent (certains dirigeants africains y ont vu une ingérence), a-t-elle eu raison de la volonté des autorités américaines ? Il faut être dans le secret des dieux, pour le dire. Les grandes puissances s'intéressent à l'Afrique, sur fond de rivalité, et les Etats-Unis en donnent l'illustration à travers ce projet de loi. Tout comme la France et autres pays européens également vent debout contre la présence russe en Afrique. Il reste que les Etats africains souverains, et on y croit dur comme fer, doivent pouvoir choisir librement leurs partenaires. Les menaces, brandies par les occidentaux par rapport au recours au groupe de sécurité privé russe, *Wagner*, dans la lutte contre le terrorisme en Afrique de l'Ouest, ne devraient pas avoir lieu d'être. S'ils ne sont pas fermés au reste du monde, les pays africains connaissent et savent défendre leurs intérêts. Il n'est donc pas question pour eux de se laisser dicter le choix de leurs partenaires occidentaux.

Le Soudan et ses vieux démons
Publié dans Sidwaya, le 18 avril 2023

S'il y a un pays où les bruits de botte ne tardent à pas à se faire sentir, c'est bel et bien le Soudan. Depuis son accession à l'indépendance en 1956, cet Etat d'Afrique du Nord-Est a connu 17 coups d'Etat, dont 6 ont réussi. Le dernier putsch contre le gouvernement de transition, consécutif à la chute du président Omar El-Béchir, remonte au 25 octobre 2021. Malheureusement, la tendance ne semble pas près de s'inverser, avec les derniers événements à Khartoum. Les forces paramilitaires de soutien rapide (FSR) du général Mohamed Hamdane Daglo dit *Hemedti* et les troupes de l'armée régulière, dirigées par le général Abdel Fattah al-Burhane, s'affrontent depuis le samedi 15 avril 2023. Les deux camps, qui se regardaient en chien de faïence, ont fini par croiser le fer. Qui a été premier à déclencher les hostilités ? Il n'est pas aisé de le savoir, tant la confusion est totale en ce moment au Soudan. Les soldats loyalistes et les paramilitaires s'accusent mutuellement d'avoir ouvert le feu. L'armée reproche aux FSR d'avoir engagé le conflit en s'attaquant à ses bases. Les paramilitaires affirment que les hommes du général Burhane ont assiégé par surprise leur camp de Soba dans le Sud de Khartoum. Ce jeu de ping-pong ne fait pas rigoler, puisque des sources médicales indiquent que les combats ont déjà fait au moins 56 morts et 600 blessés. Les FSR annoncent avoir pris le contrôle de certains points stratégiques tels l'aéroport et le palais présidentiel, sur fond de démentis du camp d'en face. Il est difficile d'imaginer que les deux généraux, Hemedti et Burhane, qui avaient fait alliance lors du putsch d'octobre 2021, allaient se détester au point de s'affronter à mort. Les intérêts égoïstes ont évidemment pris le dessus. Alors que l'armée et les formations politiques avaient signé un accord qui prévoit une période de transition de deux ans en décembre 2022, des divergences ont éclaté entre les deux hauts gradés. Le général Hemedti milite pour l'intégration de ses éléments, les FSR, dont la plupart sont des ex-miliciens formés au combat au Darfour, au sein des troupes régulières. Le général Burhane ne s'y oppose pas, mais veut imposer des conditions d'admission et limiter l'incorporation des FSR dans le temps. Le patron des FSR, qui réclame en plus une place au sein de l'Etat-major, ne voit pas d'un bon œil cette proposition. Ce malentendu entrave la mise en œuvre de la transition, à telle enseigne que des négociations politiques avaient été entamées, sous l'égide de certains diplomates, pour ramener la sérénité et lever le blocage. Tout était mis en œuvre pour donner une chance à la nouvelle transition pour permettre au pays de poursuivre sa difficile marche, quand les armes ont retenti à nouveau. Alors que sans l'opérationnalisation de la transition, le Soudan, qui figure parmi les pays les plus pauvres de la planète, ne peut pas bénéficier de l'aide de la communauté internationale. Les vivres ont été coupés à ce pays, connu pour faire la Une de l'actualité avec des mauvaises nouvelles. Il faut craindre, dans ces circonstances, que le Soudan, qui ne tenait pas bon, ne sombre totalement. Des voix se sont élevées, pour appeler les deux camps à mettre un terme aux affrontements. Les Nations unies, la Ligue arabe et l'Union africaine souhaitent l'arrêt des crépitements des armes, mais seront-elles entendues ? Rien n'est sûr. Les FSR semblent être durs d'oreille, à voir le discours musclé de leur maitre à penser, le général Hemedti. « *Nous ne nous arrêterons pas avant d'avoir pris le contrôle de l'ensemble des bases militaires* », a-t-il déclaré, ces jours-ci. Le Soudan n'en a pas fini avec les vieux démons, ce qui a de quoi faire perdre le sourire. Vivement que ce pays sorte de son éternelle instabilité…

La voie de la paix
Publié dans Sidwaya, le 4 mai 2023

L'ex-Première dame, Simone Gbagbo, se positionne désormais comme un chantre de la paix et de la réconciliation nationale en Côte d'Ivoire. Au cours d'un meeting, tenu le dimanche 30 avril 2023 à Bouaké, dans le centre du pays, la patronne du Mouvement des générations capables (MGC), a demandé pardon aux victimes des violences politiques. « *Je tiens une fois encore à demander pardon à toute la nation et à tous ceux qui ont subi des souffrances terribles, qui ont perdu des parents, des emplois et ont été contraints à l'exil. J'accorde mon pardon à tous ceux qui ont causé du tort à la nation ivoirienne et à ma personne, à mes proches, à ma famille politique* », a-t-elle soutenu. Aussi surprenant que cela puisse paraitre, Simone Gbagbo a également appelé au retour de l'ancien Premier ministre en exil, Guillaume Soro, qu'elle ne portait pourtant pas dans son cœur. Pour elle, le processus de réconciliation nationale ne saurait être conduit, sans l'ex-chef rebelle. Il doit être inclusif à tout point de vue. Sera-t-elle entendue par Guillaume Soro, qui a été condamné à perpétuité en juin 2021 pour tentative de déstabilisation ? Bien malin qui saura le deviner. A voir l'ambiance électrique qui règne entre l'ancien chef rebelle et son mentor, le président Ouattara, on a du mal à croire à son « *come-back* » dans un futur proche. A moins que les deux hommes, à couteaux tirés, ne nous surprennent agréablement, en fumant le calumet de la paix. Si la maitresse à penser du MGC rêve de voir une Côte d'Ivoire réconciliée avec elle-même, elle n'a pas choisi le moment de s'exprimer, ni le lieu pour le faire, par hasard. On le sait, la sortie de Simone Gbagbo intervient à quelques mois des élections régionales et locales prévues en septembre 2023, auxquelles son parti prendra part et à deux ans de l'élection présidentielle de 2025. Aussi s'estelle adressée aux Ivoiriens depuis Bouaké, fief de la rébellion armée qui a tenté, en 2002, de renverser son ex-mari. Tout un symbole pour Simone Gbagbo, qui n'entend pas renoncer de sitôt à ses ambitions politiques. Il reste à savoir si son discours sur la réconciliation nationale est sincère ou participe d'une stratégie politique pour redorer son blason dans l'opinion. Ce n'est pas un secret, Simone Gbagbo est un personnage clivant en terre d'Eburnie. Pour certains, elle est à la base des malheurs de nombre de ses compatriotes, du temps où son ex-époux dirigeait le pays. La « *Dame de fer* », comme on la surnomme, est plus connue pour être une « *va-t-en guerre* » qu'un ange de la paix. N'a-t-elle pas été accusée d'être l'instigatrice des escadrons de la mort pendant la crise post-électorale de 20102011 qui a fait 3 000 morts ? Simone Gbagbo s'en est défendue, lors de son procès pour atteinte à l'autorité et à la sureté de l'Etat en 2015, mais cela n'a pas suffi à la tirer d'affaire. Elle avait été condamnée à 20 ans de prison ferme. Cette peine avait été par la suite annulée, le président Alassane Ouattara ayant décidé de la gracier en 2018, au nom de la paix. Le moins que l'on puisse dire, c'est qu'au bord de la lagune Ebriée, la réconciliation nationale est manifestement en marche. De nombreux actes, posés par le régime Ouattara, concourent à la mise en route du processus, censé rapprocher définitivement les Ivoiriens, même si c'est un grand défi à relever. Plusieurs cadres du Front populaire ivoirien (FPI) en exil ont été autorisés à regagner le bercail. Mieux, l'ex-président Laurent Gbagbo et son ancien ministre Charles Blé Goudé, tous deux acquittés par la Cour pénale internationale (CPI), après un jugement pour crime contre l'humanité, sont rentrés au pays et mènent tranquillement leurs activités. Le souhait est que la paix revienne pour de bon en terre ivoirienne. Simone Gbagbo s'inscrit désormais dans cette dynamique et l'on ne peut que saluer sa vision d'ajouter de la terre à la terre, à l'image de la termitière. Après une décennie de guerre, la Côte d'Ivoire panse ses plaies et doit œuvrer à ne plus renouer avec les vieux démons. Toute initiative entreprise dans ce sens est à saluer et à encourager…

Un verdict à craindre
Publié dans Sidwaya, le 25 mai 2023

Le verdict du procès pour viol et menace de mort sur une employée d'un salon de massage du célèbre opposant sénégalais, Ousmane Sonko, sera connu le 1ᵉʳ juin prochain. Il pourrait écoper de 10 ans de réclusion criminelle pour viol, si la réquisition du procureur venait à être suivie par la Chambre criminelle de Dakar. Pour les faits de menace de mort, le parquet a requis un an d'emprisonnement ferme contre le président du parti, les ***Patriotes africains du Sénégal pour le travail, l'éthique et la fraternité*** (PASTEF). Ouvert il y a une semaine et aussitôt renvoyé au 23 mai, le procès s'est tenu en l'absence du principal accusé, retranché à Ziguinchor, ville au Sud du pays dont il est le maire, depuis les législatives de juillet 2022. Cette mise à l'écart fait suite à la décision prise par l'opposant de ne plus répondre aux convocations de la justice sans garantie de l'Etat pour sa sécurité. Sonko se trouve à Ziguinchor, sous bonne garde de ses partisans, mobilisés pour s'opposer à toute tentative de l'amener de force au tribunal ou ailleurs. L'opposant n'était pas à l'audience, mais son nom y a été prononcé à maintes reprises. La plaignante, Adji Sarr, était bien au prétoire, maintenant ses accusations contre Sonko, qui selon ses dires, l'aurait violé cinq fois, entre fin décembre 2020 et février 2021. Même s'il n'était pas au tribunal pour apporter sa part de vérité, la ligne de défense de l'opposant est connue. Il a toujours nié en bloc les faits à lui reprochés, expliquant s'être rendu au salon de massage où travaille Adji Sarr, pour « *soulager* » un mal de dos chronique. Les versions divergent tant, comme en de pareilles circonstances, qu'il serait difficile pour le tribunal de dégager les responsabilités dans ce dossier pour le moins explosif. Mais à voir la réquisition contre sa personne, Sonko est coupable aux yeux du procureur. Au même titre que la patronne d'Adji Sarr, Ndèye Khady Ndiaye, contre qui, le parquet a requis cinq ans de réclusion criminelle pour « *complicité de viol* ». Cette dame pourrait écoper, en plus, d'un an d'emprisonnement ferme pour « *diffusion d'images contraires aux bonnes mœurs* » et « incitation à la débauche », conformément à la requête du parquet. Une journée aura suffi pour juger cette affaire de mœurs, dans un contexte sociopolitique tendu au Sénégal. Le président Macky Sall et ses opposants, avec en tête le plus emblématique d'entre eux, Sonko, se regardent en chien de faïence. Ce climat de méfiance et de défiance est la résultante du flou, que le chef de l'Etat alimente sur ses intentions de briguer ou pas un troisième mandat. Dans ces circonstances, on imagine aisément la réaction de l'opposition et d'une bonne partie de la société civile sénégalaise, si le fondateur du PASTEF venait à être condamné à la prison ferme. Des scènes de violences pourraient encore être constatées dans les rues sénégalaises, pour ne pas dire que tout le pays pourrait s'embraser. Il est bien vrai qu'il n'est pas audessus de la loi, mais il serait difficile d'envoyer Sonko derrière les barreaux, sans que cela ne fasse des étincelles. On se souvient des remous qui avaient émaillé l'interpellation de l'opposant, au début de cette affaire de viol. Des échauffourées avaient éclaté et occasionné une dizaine de morts. Ce dossier de viol contre Sonko allait faire moins de bruit, si les opposants sénégalais ne faisaient pas l'objet de traque. C'est malheureusement ce à quoi on assiste au Sénégal. La justice est manifestement mise à profit pour casser les opposants. Le président du PASTEF n'est pas à sa première affaire judiciaire. Il y a deux semaines de cela, l'opposant avait été condamné en appel à six mois de prison avec sursis pour « *diffamation* » et « *injure publique* » sur la personne du ministre du Tourisme, Mame Mbaye Niang. D'ennui en ennui, Sonko est indéniablement dans le viseur de Sall, au point de devenir l'homme à abattre de tout un système. Les ambitions présidentielles, pourtant légitimes de l'opposant, lui valent de vivre des misères. Cette situation n'honore pas le Sénégal, un pays considéré comme un modèle de démocratie en Afrique.

L'invincible Erdoğan
Publié dans Sidwaya, le 30 mai 2023

Alors qu'on le croyait en difficulté et en passe de perdre le pouvoir, le chef de l'Etat turc, Recep Tayyip Erdoğan, 69 ans, est sorti vainqueur du second tour de la présidentielle, tenu le dimanche 28 mai 2023. D'après les résultats partiels communiqués par la Commission électorale, le « *sultan des temps modernes* », comme le surnomment certains médias occidentaux, est arrivé en tête du scrutin, avec 52 % des voix contre 48 % pour son rival socio-démocrate, le septuagénaire Kemal Kilicdaroglu. Savourant sa victoire, Erdoğan a immédiatement appelé à l'unité et à la solidarité autour des défis du pays. « *Il est temps de mettre de côté les disputes de la campagne électorale et de parvenir à l'unité et à la solidarité autour des rêves de notre nation* », a-t-il lancé à ses compatriotes. L'alternance tant espérée par les opposants, qui ont affiché une union inédite à cette présidentielle, ne s'est pas faite. Erdoğan reste le maitre de la *Türkiye*, auréolé d'un nouveau mandat de cinq ans. Jamais un président n'a autant duré au pouvoir en terre turque, comme Erdoğan, qui compte déjà 20 ans au pouvoir, d'abord en qualité de Premier ministre avant de briguer la magistrature suprême. Il a battu, en longévité au pouvoir, le fondateur de la République turque, Mustafa Kemal Atatürk. L'ancien maire d'Istanbul, dont les méthodes dictatoriales ne font pas forcément l'unanimité, a su encore surfer sur la vague du nationalisme, pour garder les clés du palais présidentiel. Il a été soutenu, dans son élan, par sa formation politique, l'AKP et son grand allié, le parti nationaliste turc (MHP), qui ont développé à profusion les thèmes nationalistes face à l'électorat. Le chef de l'Etat turc n'était pas en bonne posture pour demeurer aux commandes, au regard de la situation socioéconomique déplorable de son pays. Son trône n'avait jamais autant vacillé. Hormis l'usure du pouvoir, la crise économique marquée par la « *vie chère* » et les conséquences dévastatrices du séisme du 6 février 2023, qui a fait plus de 50 000 morts au Sud, ont contribué à fragiliser l'image et l'action d'Erdoğan. Certains compatriotes du président turc, vent debout contre sa gouvernance, ont dénoncé sans fioritures, son « *incapacité* » à lutter contre l'inflation qui pèse sur les ménages et à gérer la crise sismique. Imperturbable comme jamais face à ses détracteurs, Erdoğan est un habitué des situations pénibles auxquelles il sait apporter des réponses. La tentative de putsch en 2016, qui a failli emporter son pouvoir, en est un exemple. Sa cote de popularité a beau prendreun coup, ces derniers mois, Erdoğan a fait feu de tout bois durant la campagne présidentielle, préférant raviver la flamme du patriotisme, que de répondre à ses ennemis. Il a fait l'éloge des drones turcs dans la guerre en Ukraine. Aussi s'est-il évertué à brandir, à la face du monde, les nombreuses réalisations (mosquées, autoroutes, aéroports...) engrangées sous son règne. On a beau l'aimer ou pas, l'hyperprésident garde la main sur la Türkiye, pays du Moyen Orient de 85 millions d'habitants, et devra poursuivre ses actions de développement. Sauf qu'il devra travailler à redorer son blason dans la conduite du pays. Alors qu'Erdoğan se réclame un démocrate musulman, il travaille plutôt pour un plus grand ancrage du conservatisme religieux en *Türkiye*. Ce qui met à mal, le caractère laïc de la république turque. Plusieurs réformes attestent de la volonté du chef de l'Etat d'islamiser le pays. L'adoption de lois autorisant le port de signes religieux dans l'administration publique et l'introduction de la notion de djihad dans les programmes scolaires depuis 2017 en font partie. Si à son arrivée au pouvoir, le président turc s'est éloigné de l'idéologie des Frères musulmans, alliant savamment islam et démocratie, il a fini par changer son fusil d'épaule. Il privilégie à présent un mélange d'islamisme et de nationalisme. De quoi inquiéter ses alliés occidentaux, avec qui il commerce. Cette situation compromet d'ailleurs les ambitions des autorités turques de voir leur pays intégrer l'Union européenne (UE). Autre tache noire du pouvoir d'Erdoğan : le non-respect des droits fondamentaux des citoyens, pourtant garantis sous un régime dit démocratique. La liberté d'expression est loin d'être une réalité en Türkiye. Les pourfendeurs du régime, opposants politiques, défenseurs des droits de l'homme ou journalistes, en prennent régulièrement pour leur grade. La prison et la déchéance deviennent leur quotidien. Depuis 2014, année à laquelle Erdoğan est devenu chef de l'Etat, près de 2000 procédures judiciaires pour injures envers sa personne ont été enregistrées. Le président turc gagnerait donc à abandonner la tunique du dictateur, à résoudre la crise économique et à redonner le sourire aux rescapés et aux familles des victimes du récent tremblement de terre. Du reste, Erdoğan a promis que ce nouveau mandat sera le dernier, mais encore faut-il faire confiance aux hommes politiques. Une réserve mérite d'être émise, puisque le président turc est déjà engagé dans un projet d'une nouvelle Constitution. Ce qui est perçu comme une manœuvre pour demeurer aux affaires, par ses opposants.

Touadéra et la tentation du 3ᵉ mandat
Publié dans Sidwaya, le 1ᵉʳ juin 2023

La tentation du 3ᵉ mandat, voire du pouvoir à vie, a-t-elle gagné l'esprit du président centrafricain, Faustin-Archange Touadéra ? Les derniers développements de l'actualité en Centrafrique soulèvent cette question. En effet, le chef de l'Etat centrafricain a annoncé, le 30 mai 2023, la tenue d'un référendum constitutionnel, dans un discours à la nation. Il n'a pas évoqué le contenu du projet de révision de la Constitution. Touadéra a néanmoins promis, que la date du scrutin sera fixée prochainement. Son ministre conseiller a par contre apporté quelques précisions à nos confrères de l'Agence France presse (AFP). « *Il n'y aura pas de troisième mandat, mais les compteurs seront remis à zéro avec une nouvelle Constitution* […] *Il y aura un nouveau mandat que tout le monde pourra briguer, y compris le président Touadéra s'il le souhaite* », a-t-il déclaré. Venant d'un de ses proches, ces propos en disent long sur les ambitions du président centrafricain, qui ne ferme pas la porte à un nouveau bail. Logiquement, Touadéra, professeur d'université de 66 ans, élu en 2016 et réélu en 2020, ne peut plus prétendre à un 3ᵉ mandat, en vertu des dispositions de la loi fondamentale centrafricaine. La seule alternative qui se pose au chef de l'Etat, c'est de modifier la Constitution, comme certains de ses pairs l'ont fait avec succès, pour se maintenir aux affaires. Cette pratique est courante sur le continent africain, puisqu'elle permet, malgré les risques encourus (certains dirigeants l'ont appris à leurs dépens), de s'éterniser au pouvoir. Touadéra ne fait donc pas exception et semble même revenir à la charge. En septembre 2022, le président centrafricain avait eu maille à partir avec la Cour constitutionnelle, qui avait annulé son décret portant institution d'un comité de rédaction d'une nouvelle Constitution. Les sages avaient jugé cet acte illégal, étant entendu que le Sénat, chambre haute du Parlement, n'avait pas été encore mis en place. Il n'en fallait pas plus pour mettre Touadéra dans tous ses états. La présidente de la Cour constitutionnelle, Danièle Darlan, celle-là même qui a osé défier le chef de l'Etat, a été d'office mis à la retraite. Elle a subi la colère du chef. Cet épisode n'a nullement refroidi les ardeurs de Touadéra, de son parti, le Mouvement cœurs unis (MCU) et de ses alliés politiques, qui font des pieds et des mains, pour obtenir la révision de la Constitution par voie référendaire. Dans sa volonté d'organiser un référendum, le chef

de l'Etat dit avoir consulté, au préalable, les présidents de l'Assemblée nationale où son parti est majoritaire et de la Cour constitutionnelle. En donnant cette précision, Touadéra laisse entrevoir que sa décision ne souffre d'aucune légalité, mais l'opposition et les groupes rebelles ne l'entendent pas de cette oreille. Les opposants et les rebelles accusent le président centrafricain de vouloir être président à vie. Les velléités de 3e mandat du chef de l'Etat centrafricain pourrait provoquer des remous, dans un pays plongé dans une situation sécuritaire préoccupante. Touadéra est sous la pression constante des rebelles plus que jamais actifs dans le pays. Son pouvoir est plus ou moins menacé. Il a failli même ne pas être réélu. Alors qu'ils menaient jusque-là des attaques sporadiques, les six groupes armés les plus puissants du pays s'étaient coalisés pour lancer, courant décembre 2020, une offensive sur Bangui, dans le but d'empêcher Touadéra de rempiler. A la tête d'une armée démunie, le président centrafricain doit son salut aux mercenaires russes de Wagner, qui ont permis de prendre le dessus sur les assaillants et de sauver son fauteuil. La réélection de Touadéra est contestée par les rebelles et l'opposition, que son aspiration à un 3e mandat ne peut que faire du bruit. La Centrafrique est pourtant dans une situation si compliquée qu'il ne faut pas en rajouter une couche. Touadéra marche sur des braises et doit savoir à quoi s'en tenir…

Impression : Imprim Color/Bamako

imprimcolor.bko@gmail.com